Pandemia

Viviendo dentro de la infección del COVID 19

Por

Alberto Rosado

ii

Prologo

Mi nombre es Alberto Rosado. En este libro describo algunas de mis experiencias durante la pandemia del COVID 19.

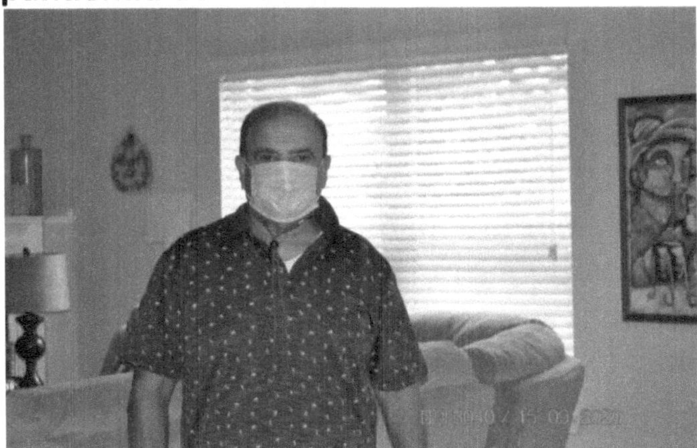

Pienso que tenemos muchas opiniones de expertos acerca de lo que debemos hacer. También tenemos muchos relatos de diferentes personas que trabajan en los medios de comunicación, la política y la medicina. Todas estas personas nos dan sus opiniones expertas; pero no tenemos las experiencias de la gente común como usted o yo.

Lo que les traigo es el día a día que viven personas comunes como usted y yo; personas que tienen que vivir dentro de la infección de la pandemia. Personas que tienen que salir al supermercado para poder comer; salir a sus citas médicas, trabajar y privarse de la vida que han llevado toda su vida.

Esa vida que envuelve los amigos, la religión, las comodidades como, vacaciones, el gimnasio y lo más triste de todo; la familia.

Cuando las personas se privan de la rutina del diario vivir, sienten que le falta algo. En este caso de la pandemia, todos saben que tienen un camino largo para acostumbrarse a vivir, sin ese algo que hasta ahora era parte de sus vidas. Lo vemos todos los días en nuestra vida.

El primer impacto en nuestra vida es cuando por primera vez vamos a la escuela y sentimos que el cambio es muy fuerte. Luego nos graduamos de la enseñanza educativa y pensamos lo mismo. Todos los cambios en la vida son fuertes. Nos casamos, tenemos el primer retoño, ellos van a la escuela, luego a la universidad y se luego se van para siempre.

Tenemos otros cambios que son más tristes, como cuando se nos muere un amigo o un familiar. En todos los casos que he expuesto sentimos una gran tristeza.

Lo que es diferente en estos tiempos que vivimos, es que tenemos todos estos casos, pero no podemos consolarnos unos a otros. Se nos muere un amigo o una amiga y no podemos compartir la tristeza porque pensamos que nosotros mismo podemos ser la próxima causa de la tristeza, si no nos cuidamos y mantenemos la distancia. Ese distanciamiento que ya no es cuarentena, tenemos que inventar otro nombre para este aislamiento.

Pensando en todo lo que he dicho es que he escrito este libro que, habla de lo que me pasó a mí y a mi esposa, que vive conmigo.

Esos acontecimientos que son los mismos que le están pasando a todas las personas como usted y yo que vivimos dentro de la infección del COVID 19.

Creo que es muy importante escribir acerca de todo lo que nos ha pasado, para darnos cuentas que la vida es frágil y muy corta. Tenemos que recordar que el compartir con los nuestros es lo mas importante de nuestras vidas. Sin el compartir, parece que no vale la pena vivir la vida que vivimos.

Tabla de Contenido:

Quisiera empezar con algunos datos de historia de las pandemias. Pandemia es un nombre que se le da a una epidemia que ha alcanzado un mayor número de personas contaminadas. Una enfermedad que se extiende más de lo esperado. Una enfermedad mucho más extensa de lo que se preveía es considerada una pandemia. Las pandemias suelen asociarse con una gran cantidad de muertes debido a la falta de preparación.

Tenemos algunas pandemias que son muy conocidas y por suerte están controlados, aunque dejaron muchas muertes antes que se encontrara su cura. Tenemos, por ejemplo, La Viruela; esta pandemia empezó mucho tiempo atrás, se cree que apareció en el 10,000 a. C. Llegó a ser tan mortal que tan solo el 30% de los afectados sobrevivieron.

Se estima que 300 millones de personas murieron por esta pandemia.

Tenemos con unos 200 miñones de personas muertas la pandemia del Sarampión, que es un paramixovirus y se contagia mediante contacto directo y por el aire, mediante las gotas de vapor que exhalamos. Es una enfermedad característica por sus marcas rojizas en la piel, altas fiebres y malestar grave. Para combatir esta enfermedad normalmente se vacunan a los niños con la vacuna triple vírica, también denominada SPR.

La pandemia de gripe de 1918 fue la pandemia más grave de la historia reciente. Fue causada por un virus H1N1, con genes de origen aviar. Aunque no existe un consenso universal sobre dónde se originó el virus, se propagó por todo el mundo durante 1918-1919. En los Estados Unidos, se identificó por primera vez en el personal militar, en la primavera de 1918.

Se estima que alrededor de 500 millones de personas se infectaron con este virus. Alrededor de 675,000 ocurrieron en los Estados Unidos. La mortalidad era alta entre las personas menores de 5 años, 20-40 años de edad y 65 años o más.

La nueva pandemia de nuestra era, es el coronavirus, COVID 19. Esta enfermedad fue descubierta en Wuhan, China en diciembre del 2019. A pesar de los grandes esfuerzos realizados por China para contenerlo, el nuevo coronavirus se ha extendido rápidamente por el mundo. El 27 de enero del 2020, había 1,771 nuevos casos en China continental, lo que supuso el primer gran salto respecto al número de casos diagnosticados en un solo día, desde el brote de la enfermedad en diciembre.

La Comisión Municipal de Salud de Wuhan anunció 15,152 nuevos casos de coronavirus, para un total de 32,994 casos confirmados; esto ocurrió después de modificar el criterio de diagnóstico para la enfermedad el 12 de febrero.

En los Estados Unidos de Norte América se conocieron de los casos en China, el 31 de diciembre del 2019 y comenzaron a elaborar informes para el Departamento de Salud y Servicio Humanos (HHS, por sus datos) el 1 de enero del 2020.

El 3 de enero, el director de lo CDC, Robert Redfield fue notificado por una contraparte en China, que una misteriosa enfermedad respiratoria se estaba extendiéndose en Wuhan.

El 7 de enero, Ohio afirma tener el primer paciente COVID-19. El 8 de enero, el CDC emitió su primera alerta pública sobre el coronavirus. A partir del 17 de enero, el CDC, envió expertos en salud pública para examinar a los pasajeros que, entraban en los aeropuertos en la ciudad de New York y San Francisco, también pusieron monitores en Chicago y Atlanta a finales de enero.

El 18 de enero, el secretario del HHS, Azar discutió el brote de coronavirus con el presidente Donald Trump. El primer caso registrado en Estados Unidos del nuevo virus fue reportado el 20 de enero. Para ese 20 de enero, los científicos del CDC desarrollaron su propia prueba de coronavirus y la utilizaron para evaluar el primer caso estadounidense. La prueba del CDC pronto se descubrió que era defectuosa.

Un hombre que había regresado de Wuhan fue hospitalizado por el virus en el estado de Washington el 21 de enero de 2020. Fue dado de alta después de dos semanas de tratamiento. Unos días más tarde, otro caso fue reportado en Chicago, por una mujer que también acababa de regresar de Wuhan. Un tercer caso fue confirmado un día después en el Condado de Orange, California.

El 24 de enero, el Senado de los Estados Unidos fue informado sobre el coronavirus, por funcionarios de salud. El 26 de enero se confirmaron dos casos más, de forma similar por dos personas que habían regresado de Wuhan. El 29 de enero, el gobierno de los Estados Unidos evacuó a 195 empleados del Departamento de Estado; de Wuhan junto con sus familias y otros ciudadanos estadounidenses. El 30 de enero, el primer caso de transmisión de persona a persona fue confirmado en Chicago, entre una pareja casada, después de que la esposa regresara de China. El 31 de enero, otro caso de una persona que regresó de Wuhan fue confirmado en California, Esta persona marcó el séptimo caso conocido en los Estados Unidos.

El 3 de febrero, 49 miembros del Congreso firmaron una carta al director de los CDC, Redfield, en la que destacaba la urgencia de distribuir un kit de diagnóstico rápido que pudiera ser procesado localmente. El 5 de febrero se descubre el duodécimo caso; un estudiante universitario de Wisconsin. El 6 de febrero, Patricia Dowd de 57 años, de San José, California, se convirtió en la primera muerte de Covid-19 en los Estados Unidos.

En los días 20 y 21 de febrero, se confirman en California otros dos casos de personas que habían regresado de China. El 29 de febrero, la primera muerte por coronavirus en los Estados Unidos fue reportada en el Centro Médico Evergreen Health en Kirkland, seguido de otros dos casos confirmados en un asilo de ancianos en la misma ciudad. Más tarde, se informaría que la primera muerte de los Estados Unidos había ocurrido realmente el 6 de febrero. Gracias a enciclopedia libre Wikipedia podemos tener acceso a toda esta información; información exacta y verídica.

Esto que le he escrito es solo el principio de la pandemia, KOVID 19. Hemos tenido mucha tira y hala con la información que debimos tener desde el principio de la pandemia, y los que llamamos expertos no se podían poner de acuerdo en la información. Ese desacuerdo causo mucha confusión en las personas comunes que dependemos de la información de los medios de comunicación para tomar decisiones.

No voy a mencionar nombres, pero si les puedo decir de algunos de los desacuerdos que oí. Según Wikipedia, el virus no se propagaba de persona a persona y cito: "El 14 de enero, la OMS celebró una rueda de prensa en la que se afirmaba que su información sugería la posibilidad de una transmisión limitada, pero no sostenida, de persona a persona.

La OMS recomendó a los países que tomara precauciones debido a la transmisión de persona a persona durante los brotes anteriores de SRAS y MERS.

La OMS también tuiteó que "las investigaciones preliminares llevadas a cabo por las autoridades chinas no han encontrado pruebas claras de transmisión de persona a persona de la novela #coronavirus (2019-nCOV)". [1]" Cierro comillas.

Creo que esta información no ayudo en ninguna forma a prevenir el contagio. Luego que se supo que sí, el virus se trasmitía por aire, algunos expertos decían que no había que usar mascara, si la persona no estaba contaminada. Esta discusión fue fatal para la prevención del contagio. Ha habido otras diferencias, pero esta de las máscaras caló tanto en las personas que muchas personas siguieron sin usar mascaras.

Cuando el virus se salió del control, se le cambio el nombre al de pandemia. Se cerraron las escuelas y los estudiantes terminaron el año escolar 2019 a 2020 en sus casas, tomando clases virtual. Los establecimientos como peluquerías, bares, gimnasios y restaurantes, (esto es por mencionar alguno) cerraron sus puertas para tratar de parar el contagio. El estado de Nueva York fue el más afectado al principio, pero también hay que decir que fue el primero en controlar un poco el contagio.

También hay que decir que ninguna persona viviente puede acordarse de la pandemia del 1918; por lo tanto, esto que estamos viviendo es nuevo para todo el mundo; científico o no científico. Por esta razón me atrevo a dar mi opinión, acerca de lo estamos viviendo.

Yo respeto mucho a los científicos y creo ellos son personas muy inteligentes y capacitadas, pero también quiero dar mi opinión, para poder tener otro punto de vista.

Lo que he podido leer y ver en las fotos que tenemos de la pandemia del 1918 es que todo el mundo está usando macaras. Al ver las fotos me pregunto, por qué los expertos no han leído, lo que se sabe de la pandemia del 1918 y desde el principio aconsejar lo que aprendieron. Esto es que para empezar había que usar mascaras para evitar el contagio. Creo que para labrar un buen futuro hay que aprender del pasado.

Después de todo lo que ha pasado hasta ahora y que abrieron la economía, los expertos y los gobiernos tenían que adoptar unas regulaciones bien estrictas para evitar que la pandemia se saliera de control. Esto es lo que yo acosijaría; y repito solo soy una persona que trato de aprender del pasado.

Si es necesario abrir la economía teníamos que tener reglas como la que siguen. Establecimientos en que se congreguen muchas personas por mucho tiempo, y que no sean necesarias, no pueden abrir hasta que tengamos una vacuna para la inmunización. Estoy hablando lugares como los bares y estadios, en la que se celebren conciertos o algún tipo de deportes.

Las personas que salen al trabajo tienen que regresar a sus casas después del trabajo. Solo pueden pararse en las farmacias, supermercados o establecimiento altamente necesarios para satisfacer necesidades básicas.

Dentro del establecimiento hay que usar máscaras y guardar distancia todo el tiempo. La cortesía en mandataria. No se puede visitar a ningún familiar o amigo que no viva en la misma casa. Las escuelas tienen que presentar sus clases, virtuales. Los servicios religiosos tienen que hacer lo mismo.

Estas medidas parecen demasiado estrictas, por eso ningún gobierno se atreve a ponerlas en función. Lo que yo pienso es que muchos de nosotros estamos siguientes estas restricciones, para al menos tener una posibilidad de poder ver a nuestros familiares y amigos el año entrante; cuando podamos tener una vacuna de inmunización. Es mejor perder un año sin ver nuestra familia que no verlos nunca.

Hablando de la parte positiva tengo que decir que somos afortunados en vivir en estos tiempos. Podemos comprar lo que queremos atreves del Internet, sin tener que movernos de nuestras casas y lo podemos recibimos en nuestras puertas, o lo recogemos sin tener que entrar al establecimiento. Tenemos las redes sociales que nos permiten ver y hablar con nuestros amigos y familiares. También podemos ver muchos artistas presentando sus conciertos virtuales. Estos son solo algunos de los adelantos que hoy tenemos y nos permiten estar cerca de las personas que queremos, aunque sea desde la distancia. Nuestros antepasados en el año 1918 no tenían estos privilegios. Ellos sufrieron mucho más que nosotros.

Para terminar lo único que puedo decir es que esto es una historia que le falta mucho por terminar. Por eso aprovecho la oportunidad para decirles mis experiencias dentro de la infección del KOVID 19.

Vacaciones:

Si algunas industrias se han visto afectadas por la pandemia, esas son las que transportan personas que viajan a diferentes partes del mundo para vacacional. Las más reconocidas son la industria de la aviación y la industria de los cruceros. Cuando la pandemia empezó las personas empezaron a cancelas sus vacaciones a las diferentes partes del mundo. Muchos cancelaron los viajes en los cruceros también.

El 13 de marzo del 2020 el periódico Sun Sentinel escribió que el crucero Holland América llevaba a bordo cuatro fallecidos y decenas de enfermos, aparentemente por el coronavirus. También advirtió que más personas podrían morir, si no lo dejaban atracar en Florida. Después de unos días los dejaron atracar en un puerto de Florida. Esta escena se repitió más de una vez. La industria de los cruceros suspendió sus viajes un tiempo después.

La aviación también tuvo muchos problemas en todas sus ramas. Desde los que transportan pasajeros a otras partes del mundo, hasta los que fabrican aviones; todos se han afectados por esta pandemia. Por ejemplo, Boeing anunció en abril que despediría cerca de 16,000 empleados, lo que supone el 10% de su fuerza laboral.

Todas las líneas aéreas acortaron sus vuelos y luego muchas de ellas anunciaron despidos de empleados. Las aerolíneas a nivel mundial podrían perder hasta $113,000 millones en ventas, según la Asociación Internacional de Transporte Aéreo (IATA).

Los países que viven del turismo has sufrido un golpe muy duro también. Francia, España, Italia y México son solo algunos de los más afectados. Muchos países han cerrado sus fronteras y solo dejan entrar personas que sean ciudadanos. En general es difícil encontrar una persona que no haya sido afectado por esta pandemia que estamos viviendo; y yo no soy la excepción.

A finales del año 2019 mi esposa y yo teníamos algunos planes para el año que se avecinaba, por lo tanto, para las fiestas de Acción de Gracia y Navidad nos quedamos en nuestra casa. Para nosotros fue difícil pasar las fiestas de navidad solos, pero yo pensaba que era necesario. Aquí les recreo una conversación con mi esposa a principios de noviembre del 2019.

<u>Yo:</u>	Ya pasamos el día de las brujas, y en un parpadeo vamos a tener el día de Acción de Gracias; luego la Navidad. ¿Qué vamos a hacer para esas fechas?

<u>Esposa:</u>	Pues yo creo que lo que vayamos a hacer, mejor que lo hagamos en muestra casa.

Yo: ¿Por qué dices eso? A mí me gustaría ir a algún lugar en esta temporada que se avecina. Últimamente no salimos a ningún lado.

Esposa: Hay que chequear con tus hermanas. Ellas dijeron que venían para nuestra casa el año que viene; por lo tanto, creo que no debemos ir a Puerto Rico. Nuestro hijo viene probablemente en noviembre, así que no podemos hacer planes para el día de Acción de Gracias.

Yo: Que pasó con el viaje a Biltmore Estate.

Esposa: Ese viaje es para la primavera del año que viene. Hay que ahorrar dinero, si queremos ir a ver los jardines en Carolina del Norte.

Yo: Entonces creo que nos tenemos que conformar con la esperanza de viajar el año que viene, en la primavera.

El tiempo pasó y lo que tuvimos fueron visitas en lo que quedó del año. Mi hijo nos visitó y la pasamos muy bien. Quedamos en que mi esposa tal vez podría ir para el día de las madres a visitarlos. En la temporada de Navidad tuvimos amigos que fueron a la casa, pero no salimos fuera del estado de Georgia.

El año nuevo 2020 llegó con la esperanza de recibir a mis hermanas, que se dieron la libertad de hacer planes para visitarme en enero. La verdad; la pasamos muy bien. Todos los días teníamos algo que hacer. Mi impresión es que ellas, la pasaron muy bien también. Después de que se fueron mis hermanas, nos dimos a la tarea de empezar a planear nuestro corto viaje a Carolina del Norte. Yo seguí visitando el gimnasio; quería estar en forma para el viaje.

Una noticia me llamó la atención en esos días. Una nueva enfermedad en China era el comentario diario en las noticias. No pasó mucho tiempo en que todo el mundo estuviese hablando de algo que se llamaba, Coronavirus. Mi esposa no perdió tiempo en hablar conmigo.

<u>Esposa:</u>	Todos los medios noticiosos están comentando, de una enfermedad en China llamada Coronavirus.

<u>Yo:</u>	Sí, ya he oído de eso. Es un virus que se está extendiendo por toda China y se cree que otros países se van a contagiar.

<u>Esposa:</u>	Lo que yo no entiendo es porque algunas veces dicen el Coronavirus y otras veces dicen COVID 19.

<u>Yo:</u>	Lo que yo leí, en una anoticia de BBC News Mundo, es lo que sigue, y cito: "De acuerdo a la explicación de la OMS, el nuevo nombre se toma de las palabras "corona", "virus" y *disease* (enfermedad en inglés), mientras que 19 representa el año en que surgió; (el brote se informó a la OMS el 31 de diciembre de 2019). Este virus fue incluido dentro de la categoría taxonómica de los *Coronaviridae*, CoV, o Coronavirus, llamado así por las extensiones que lleva encima de su núcleo, que se asemejan a la corona solar".

<u>Esposa:</u>	Gracias por la información. Cuando puedas me lo dices en tus propias palabras.

<u>Yo:</u>	No hay problema, en palabras simples el 19 es el año en que empezó el virus; y el resto te lo digo después.

Esposa:	Ya veo, muy profesional. Lo importante es que vamos a tener que suspender el viaje a Biltmore, en Carolina del Norte.

Yo:	¿Y cuándo podríamos ir?

Esposa:	La mejor temporada en Biltmore es en la primavera, cuando uno puede ver los jardines. Creo que probablemente algunas de las exhibiciones que queremos ver, las van a empezar a cancelarlas.

Yo:	Con esas noticias, creo que la visita será para el año que viene. ¿Qué va a pasar con el viaje que teníamos para visitar a tu hermana en Florida?

Esposa:	Yo estaba pensando ir para el día de pascuas, después de la semana santa; pero eso se queda en veremos. De ahora en adelante no sabemos que podría pasar.

Tuvimos que cancelas los dos viajes que teníamos planeados y olvidarnos de futuras aventuras. El futuro no se veía muy alentador. Todos los sitios en que se aglomeraban personas, empezaron a cancelar las visitas. Yo creo que la mayoría de las personas estaban reaccionando, de la manera en que nosotros estábamos analizando lo que estaba pasando. Empezaron las cancelaciones de viajes a otros países. Las personas empezaron a quedarse en sus casas y lo que prometía una temporada turística muy activa, se convirtió en calles desierta en todas partes del mundo.

<u>Salida obligada de la casa:</u>

En la crisis de la pandemia (COVID-19), muchos de los gobiernos dieron órdenes a sus residentes para que se quedaran en sus casas. Se suspendieron muchas actividades de la economía, aunque otras por obligación tuvieron que dejar sus puertas abiertas. Unas de esas actividades que siguieron funcionando, fue la de la empresa del consumo alimenticio; estoy hablando principalmente de los supermercados.

Un día de compras en el supermercado mi esposa y yo nos dimos cuenta que el papel sanitario estaba un poco escaso, y muchas personas tenían dos y tres paquetes de papel. Ni mi esposa ni yo le pusimos atención a lo que vimos. A los dos días, yo volví a comprar algunas cosas para mi uso personal que se me habían olvidado. Pasé por la sección de los papeles y servilletas y no había ni un paquete de papel sanitario. Las góndolas estaban vacías.

La impresión que me causó al ver toda la sección vacía, me causó un impacto grande. Era como si algo terrible estuviese pasando, y yo no me había dado cuenta. También me fijé que donde usualmente estaban los productos con alcohol, había otros productos.

Sin pensarlos dos veces pagué y salí del establecimiento. De vuelta a mi casa, me detuve en otro supermercado; la escena era más o menos la misma. Pasé por las góndolas de papel sanitario y había unos paquetes pequeños, de cuatro rollos. Sin pensarlo dos veces, tome dos paquetes. También había unos envases con papel para desinfectar las mesas o alguna otra superficie; tomé también dos envases. Pagué, salí del supermercado y seguí hacia mi casa. Cuando llegué, le comenté a mi esposa lo que vi en los dos establecimientos que había visitado. Ella dijo que era muy raro, y se quedó pensativa.

Al otro día se levantó temprano, hizo unos quehaceres y me dijo que tenía que ir a almacén de productos de la casa. Ustedes saben esos almacenes en que uno paga una membresía y supuestamente consigue los productos más baratos. Como a las tres horas volvió con un paquete grande de papel sanitario y otro de papel toalla. Yo la miré, y enseguida empezó a contarme su experiencia en el almacén.
Me dijo que había papel pero que las personas los tomaban enseguida que el empleado los ponía en las góndolas. De los otros productos como el alcohol, las toallitas para desinfectar la superficie y el aerosol no pudo conseguir nada. Yo respiré hondo y le dije que al menos teníamos lo más necesario; por el momento.

Al otro día, ella recibió una llamada telefónica de una amiga que, solía compartir con nosotros antes de empezar la pandemia. Esta amiga le contó con gran angustia que, no podía encontrar papel sanitario por ninguna parte. Mi esposa compartió con ella sus conocimientos, acerca de dónde podía encontrar el papel. También le dijo que, si no conseguía nada, ella le podía dar algunos rollos, de los que había comprado. Al otro día esa misma amiga llamó, para dar las gracias y decir que había conseguido el papel.

Desde ese momento en adelante, todas las amigas de mi esposa y ella, empezaron a comunicarse por las redes sociales, para compartir sus hallazgos, de los productos que estaban escasos. Algunas veces cuando nosotros salíamos para comprar los comestibles, visitamos dos o tres supermercados y también los "general stores" que nos quedan cerca de nuestra casa.

Cuando todo el mundo con sentido común se dio cuenta que la pandemia era peligrosa, muchas personas empezaron a usar máscaras; siempre es una ayuda, pero sentíamos que era peligroso, cuando uno está cerca de una persona sin máscaras; generalmente eso pasa en los supermercados.

Al principio mi esposa no quería ir a los supermercados y empezamos a comprar muchas cosas a través del Internet. Luego se recibían en la casa o mi esposa los iba a recoger en un área en que los supermercados tienen, para entregar las compras.

Al cabo de dos semanas, mi esposa se dio cuenta que había muchas cosas que era imposible comprarlas en los supermercados; "online".

También nos dimos cuentas que, no se podían hacer compras grandes para recogerlas en el supermercado.

A principio todo fue una dulzura. Mi esposa compraba y luego iba a recoger los comestibles. Ella se detenía a chequear lo que había comprado, y algunas veces devolvía algunos productos que no le gustaban o que le habían dado incorrectamente. Un día hizo una compra y cuando la estaba chequeando había unas cuantas personas esperando, en ese momento decidió no revisar lo que había comprado para avanzar.

Cuando llegó a la casa se dio cuenta que no le dieron unas bolsas de papitas fritas y otra de doritos, que había comprado. Revisó en el "website" del supermercado, pero no encontró la manera de comunicarse, para reclamar lo que no llegó en la pequeña compra. Mi esposa siguió comprando en diferentes supermercados, pero siempre en pequeñas cantidades. En otras palabras, había que ir personalmente a comprar muchas cosas que no se ofrecían "online". ¿Y a quien le tocó esa tarea? Esa tarea me tocó a mí.

Ese día era lunes y decidí que iría al supermercado el miércoles. El único problema era que yo no tenía máscara. Mi esposa tenía una máscara que ella misma había hecho. También ella había comprado unas "online", pero resulto que la compañía era en China, y no se sabía, cuando iban a llegar. Todas las máscaras que vio en el Internet eran muy caras.
Tenían unos precios que era casi imposible pensar que eran reales. Por eso ella decidió comprar las máscaras hachas en China; nunca pensó que iban a tardar tanto.

Yo me acordé que había comprado una máscara de polvo, que la usaba cuando trabajaba en carpintería. No lo pensé dos veces y decidí usar mi mascara de carpintero. Llegó el miércoles, me levanté a las 5:30 A.m., recogí la nota de lo que tenía que comprar y sin tan siquiera tomar café, me fui al supermercado. Llegué a las seis de la mañana. Pensé que no habría nadie, pero para mi sorpresa el estacionamiento estaba repleto de carros. Parecía más bien las seis de la tarde que las seis de la mañana; pero eso no me importó.

Me puse mis guantes que usaba cuando estaba trabajando y tenía que usar pegamento, pintura o cortar madera. Me puse mi máscara de polvo y sin pensarlo dos veces me dije a mi mismo, "tengo que imaginarme que voy a trabajar en mi taller de carpintería". Salí de mi carro y me dirigí hacia la puerta. No había ninguna fila de espera, entre y empecé a buscar lo que necesitaba. Algunas personas cuando me veían me miraban con un semblante de sorpresa, pero yo traté de hacerme el que no me daba cuenta. La mayoría de las personas no tenían ninguna mascara. Me puse a pensar en todas las personas que no tenían máscaras y me di cuenta del por qué. Muchos de los expertos, decían que había que usar máscaras, pero la verdad era que no se conseguían máscaras ni para los empleados de la salud, como los doctores, enfermeras o enfermeros o demás personas que trabajaban en los hospitales. Había una escasez de equipo de protección y lo que se encontraba "online" eran súper caro; tampoco había garantía que llegaran ni en un mes. Yo seguí yendo todas las semanas a comprar, lo que se necesita.

Yo parecía más un carpintero sin herramientas que una persona que iba a comprar comestibles.

En lo referente a los productos que escaseaban la situación seguía igual; no se encontraba nada en los supermercados. Lo único bueno de todo esto es que mi esposa se hizo una experta haciendo máscaras. También mi hermana que es costurera y había perdido su trabajo por causa de la pandemia, se hizo una experta haciendo máscara, Ella nos envió dos.

Yo pensaba que todo se iba a normalizar en dos o tres meses, pero estaba equivocado. Los contagios y los muertos por causa de la pandemia seguían aumentado. Al cabo de tres meses mi esposa pudo conseguir unas mascaras desechable a precio razonable y las compró. Aunque tengo que decirles que después de tres meses, todavía estábamos esperando las máscaras chinas.

Al tener unas máscaras desechables, yo dejé de usar la mía, de carpintero. También al ver que todo esto iba para largo, mi esposa se animó a ir conmigo al supermercado. Para ese entonces ya se veían muchas personas con máscaras.

Las personas que no tenían máscaras eran generalmente gente joven. Un día, vi a un hombre joven con su hija de más o menos cinco años, y ninguno de los dos tenía máscara. Me dio mucha pena de ver esa situación. Creo que, si las personas piensas que eso de la pandemia no es real, no podemos hacer nada; ¿pero por qué, tienen que arriesgar a las personas que dependen de ellos? Si la niña de que les hablé se contagia, puede tener problemas de salud para toda la vida, aunque no se muera.

Si eso pasara, las lamentaciones y los lloriqueos, no valdrán de nada. La prevención es lo más importante para mí y para los demás. Nadie tiene derecho a jugar con la salud y la vida de las personas que están a su alrededor. Debemos protegernos y proteger a los que dependen de nosotros. Hay que pensar dos veces; una por nosotros y otra por las demás personas. Es mejor precaver, que tener que remediar.

<u>Otras Salidas:</u>

<u>Trabajo:</u>

Como dije anteriormente, hay otras salidas que fueron afectadas por la pandemia. La más significativa de ellas fue las salidas al trabajo. Cuando el gobierno decidió cerrar la puerta de muchos comercios, muchas personas quedaron sin empleos.

En todo el mundo los gobernantes, cerraron las actividades económicas, tratando de detener el contagio de COVID-19, en sus países. Millones de personas se quedaron temporalmente o permanentemente sin trabajo. Digo que muchos quedaron permanentemente sin trabajo porque muchos pequeños empresarios no pudieron resistir, el estar cerrados por mucho tiempo y se fueron a la quiebra, o cerraron permanentemente sus negocios.

De acuerdo con "Factank" centro de investigaciones, el brote de COVID-19 y la recesión económica que generó el mismo, aumentó las filas en la oficina de desempleo de los Estados unidos, y los desempleados en más de 14 millones, de 6.2 millones en febrero a 20.5 millones en mayo de 2020.

El desempleo entre todos los grupos de trabajadores aumentó considerablemente en esta recesión del COVID-19. Pero las experiencias de varios grupos de trabajadores, como mujeres y hombres negros, en el brote de COVID-19 varían notablemente, de cómo vivieron la Gran Recesión. La tasa de desempleo de las mujeres en mayo, (14.3%) fue superior a la de los hombres (11.9%).

El desempleo de los hombres negros en mayo (15.8%) fue sustancialmente menor que la tasa máxima que enfrentaron durante la Gran Recesión (21.2%).

Los inmigrantes vieron su tasa de desempleo subir más alto que, la tasa de los trabajadores nacidos en Estados Unidos durante la recesión de COVID-19. Las tasas de desempleos en la recesión de COVID-19 son más bajas entre los trabajadores con niveles más altos de educación.

La tasa de desempleo en mayo del 2002 fue más baja entre los trabajadores con una licenciatura o educación superior (7.2%); este fue el único grupo entre los examinados que, no experimentó una tasa de desempleo de dos dígitos.

Por el contrario, el 18.5% de los trabajadores sin título de secundaria estaban desempleados en mayo. En la Gran Recesión, las tasas máximas de desempleo para los diferentes grupos oscilaron entre el 5.3% entre los que tenían una licenciatura o educación superior y el 17.9% entre los que no tenían un diploma de escuela secundaria.

Para dar un ejemplo del porque este fenómeno de desempleo, les voy a hablar de una de las ciudades más conocidas y ricas; San Francisco en California. Según Fernando Martínez en reportaje de SFG en San Francisco, una encuesta mostró que sólo el 46 por ciento de los negocios de escaparates en San Francisco que, estaban abiertos al comienzo de la pandemia, todavía están operando ", dijo a KPIX Jay Cheng, portavoz de la Cámara de Comercio de San Francisco. Cheng también dijo que las solicitudes de desempleo de la ciudad actual están llegando a 193,000, que es cuatro veces más alto que el número durante la Gran Recesión en 2008.

Como podemos ver la fuerza laborar enfrenta muchos problemas en cuestión de trabajo. Para aliviar el problema, el gobierno ha dado un estímulo en forma de dinero a las personas del país. También con tanto desempleo el gobierno aumento el dinero de desempleo en $600.00, algo que ha ayudado a las personas, a pagar por los gastos que son mayor de lo acostumbrado, por la cuestión de la pandemia.

Como sabemos muchas de las empresas han cerrado sus puertas y algunas desaparecieron para siempre. Algo difícil de creer es que, aunque parezca increíble, muchas empresas aumentaron sus ganancias y a la misma vez proporcionaron más empleos a las personas. Una de esas empresas es por ejemplo la del consumo, como los supermercados. Con las personas acuarteladas, vemos los niños y jóvenes en las casas y el consumo de alimentos se ha disparado en forma alarmante. Estando en las casas y pensando que uno puede contagiarse del virus y perder la vida, la ansiedad se manifiesta en todas las personas. Todo el mundo empieza a comer más de lo acostumbrado, por la ansiedad.

Tenemos también otras preocupaciones que hace a las personas más susceptibles. Algunas de estas son los hijos, el no poder hablar con los amigos, el no poder viajar para tomar vacaciones y la más importante, el no poder ver a los familiares que, no comparten el mismo techo. Muchas personas aumentan el consumo de alimentos por estos motivos y por consecuencia aumenta de peso. Yo por experiencia se lo puedo decir. Algunas veces no me atrevo a usar los pantalones que no me he puesto en un mes. Mi esposa está sufriendo del mismo problema, y por eso ella, escondió la balanza de pesarse que teníamos en el baño. Yo no le dije que, yo pensaba comprar una nueva balanza, porque creía que la que teníamos se había dañado.

Las empresas del entretenimiento en las casas también aumentaron sus ganancias y suscripciones. Las personas empezaron a ver más programas televisivos y las suscripciones de cable, aumentaron.

Los entretenimientos por medio del Internet *también se beneficiaron*, empresas como Netflix y sus competidores.

También las empresas de acareo en compras por medio del Internet, aumentaron sus clientes y por consiguiente también la fuerza laborar. La empresa más conocida por todos nosotros es, Amazon.

Citas médicas:

Para bien o para mal las citas médicas cambiaron por completo. Los médicos te dicen: "tiene una cita para la semana que viene", y cuando llegas al consultorio te reciben con un cuestionario que tiene una infinidad de preguntas. Al final del cuestionario uno tiene que firmar diciendo que, no va a culpar a los doctores si te contagias con el virus. Si no lo haces, no te recibe el médico. Siempre me he preguntado el por qué le dicen a la persona que, si quiere llenar el cuestionario.

Cuando empezó la pandemia mi esposa tenía una cita con un médico. Una mañana después de escribir por dos horas, yo bajé a la sala y vi a mi esposa hablando por teléfono. Cuando terminó le pregunte que con quien hablaba, y me dijo que estaba en su cita, con el doctor. Esta fue la conversación.

Yo:		¿Con quién estabas hablando?

Esposa:		¿Ya se te olvido? Te dije que tenía una cita médica.

Yo:		Por eso te pregunto. Se te va a hacer tarde para ir a la cita médica.

Esposa:		No te preocupes por la cita; ya fui y regresé.

Yo:		Yo creo que la pandemia te está afectando la mente.

Esposa:		A ti es que te está afectando la pandemia. Esa llamada telefonía era la cita con el médico.

Yo:	No tiene sentido, ¿una cita médica por telefónica?

Esposa:	Sí, otra cosa que ha cambiado la pandemia.

Yo:	Bueno, yo creo que puede tener sus beneficios. ¿Crees tú que, la cita que yo tengo con el dentista pueda ser por teléfono?

Esposa:	En tus sueños, la pandemia puede cambiar muchas cosas, pero no creo que pueda cambiar esa.

Yo:	Entonces tendré que, ir a mi cita con el dentista, la semana que viene.

Como no hay fecha que no se cumpla, llegó mi cita con el dentista. Esta cita se había cancelado dos veces por causa de la pandemia. Llegué al estacionamiento del consultorio y bajé del auto. Me dirigí a la puerta y una joven me estaba esperando con un instrumento en la mano. Me miró y me preguntó, si podía tomarme la temperatura. Luego de tomármela, me dio un cuestionario y me dijo que esperara en mi auto. Llené los papeles y a los pocos minutos, ella los recogió. Pasó como media hora, y cuando yo me estaba incomodando por la tardanza, sentí a alguien que se acercaba y me dijo;

Joven:	Mr. Rosado, puede pasar ahora.

Me puse mi máscara, mis guantes y entré al consultorio para completar mi penosa cita con el dentista. La cita con el dentista, es una de esas cosas que, aunque hay que tenerla cada seis meses, me gustaría que nunca llegara. Ahora con el problema de la pandemia, todas las citas médicas se haces más largas y penosas.

El problema de estar usando máscaras, hace todo más incómodo, aunque sé que, es altamente necesario. En lo único que pienso ahora es que, se acerca mi examen físico, tengo que hacerlo todos los años. Quizás el médico me haga un examen virtual. Esa es mi única espero.

El gimnasio:

La ida al gimnasio es una de esas salidas que yo siempre hacia con agrado. Siempre me ha gustado hacer ejercicio. Cuando me mudé al vecindario en donde vivo, empecé a ir a un gimnasio que está cerca de mi casa; aunque siempre me quedé visitando el antiguo gimnasio, pero me gusta mucho más el que está cerca de donde vivo. Este gimnasio es mucho más pequeño, pero a la misma vez es más nuevo y hay mucho menos personas que lo visitan. Usualmente yo lo visitaba tres o cuatro veces a la semana y hacia ejercicio por espacio de una hora y quince minutos.

Cuando empezó el problema de la pandemia mi esposa me aconsejo que dejara de ir. Aquí les relato algo de la conversación.

Esposa:	Yo creo que debes de dejar de ir al gimnasio. Es muy peligroso con este problema de la pandemia.

Yo:	No te preocupes por eso, en esta área no hay muchos problemas, con el virus.

Esposa:	Es verdad, no hay mucho problema, pero eso no quiere decir que, no pueda haber una persona contagiada y contagiaría a los que están dentro de gimnasio.

<u>Yo:</u>   Los muchachos encargados del gimnasio siempre están limpiando todo el equipo de hacer ejercicio. Además, todas las personas que usan las maquinas también las limpian.

<u>Esposa:</u>   Con todo y con eso, siempre hay riesgos.

Yo me quedé pensando en lo que me dijo mi esposa. Empecé a usar guantes, aunque eran demasiado incómodos porque sudaban mucho mis manos. A los pocos días empecé a notar que había menos personas en el gimnasio, y muchas de ellas estaban usando máscaras. Yo me sentía un poco incomodo, traté de usar máscara, pero cuando usaba las maquinas, tenía muchos problemas con la respiración.

Con la insistencia de mi esposa y lo que estaba viendo en el gimnasio, decidí, dejar de ir. Al otro día después de dejar de asistir, se pasó una orden del gobierno municipal y se cerraron todos los gimnasios. Sin fecha cierta de cuándo tendremos una vacuna segura, ciertamente no sé cuándo pueda volver. Por el momento les digo que tuve que comprar un "treadmill" para caminar en las tardes.

Religión:

La otra salida más importante y que la mayoría de las familias observan, es la ida a los templos religiosos. Esos lugares que, todo el mundo rinde culto al Creador de lo creado. Esos lugares que todo el mundo llama de diferentes maneras, aunque vayan a pedirle al mismo Dios.

Yo me crie en una familia católica. Desde que yo tengo memoria, mi familia siempre fue parte de la iglesia católica. También la familia de mi esposa era parte de la religión católica. Yo era miembro de un grupo de jóvenes católicos llamado (JAC), Juventud Acción Católica. Mi esposa también era parte de esta congregación, pero en diferente pueblo. Nos conocimos y luego nos casamos. Continuamos siendo parte de la iglesia católica después de casarnos.

Cuando empezó la cuaresma del año 2020, le dije a mi esposa que quería ir al primer vía-crucis. La iglesia, la estaban renovando, pero ya había puestos unas estaciones nuevas del Vía Crucis. Así le dije a mi esposa.

<u>Yo:</u>   Este va ser el primer día del Vía Crucis con las nuevas estaciones. Me gustaría ir el viernes.

<u>Esposa:</u>   Es muy buena idea. Siempre es bueno ir al primer Vía Crucis de la cuaresma.

Fuimos a la iglesia ese viernes. Luego las actividades eclesiásticas se suspendieron temporalmente por la pandemia. Pasó toda la cuaresma y la semana santa sin poder reanudarse las actividades religiosas. Al poco tiempo algunos pastores de las religiones evangélicas empezaron a congregar los feligreses. La iglesia católica puso tentativamente una fecha y luego la pospuso para más tarde. Al final de la polémica, las diferentes diócesis se encargaron de decir cuándo se podría retorno a los templos católicos. Primero se iba a celebrar la misa en el estacionamiento. Las familias se congregaron, pero hubo muchos problemas técnicos. Tuvieron que hacer otros arreglos para la celebración de la misa.

Al final se acordó que se iba a celebrar la misa en el templo y las personas la podían oír mediante una emisora local en la radio de sus carros, si decidiera oírla desde el estacionamiento. Las personas que quisieran entrar al templo tenían que avisarlo con anticipación, usar máscaras y guardar distancia social.

Con tanto protocolo era más conveniente ver la misa usando de las redes sociales desde los hogares. La pandemia ofrecía un alto riesgo de contagio en lugares como la iglesia. La idea de quedarse a oír la misa por radio en el estacionamiento, no me agradaba mucho, especialmente en el verano. Yo le dije a mi esposa que quizás en el otoño podíamos volver a la iglesia y oír la misa desde el estacionamiento, Mientras tanto era mejor quedarse en la casa, hasta que una vacuna pudiera se ofrecida al público. Hasta el día de hoy, nadie ha dicho que hay que oír la misa en las iglesias. La vacuna llegó, muchas personas se la pusieron. Mi esposa y yo estamos en ese grupo. Pasamos todo el año 2020 y parte del 2021, viendo la misa en nuestras casa. El primer día que volvimos a la iglesia para oír la misa del domingo, fue el 9 de mayo del 2021. El día de las madres.

Barberías y salones de belleza:

Las barberías y los salones de bellezas son casi una visita obligada. Digo casi, porque uno puede cortarse el pelo en su casa. El único problema es que puede haber resultados fatales y tal vez no le guste a uno lo que pueda ver en el espejo. Por eso es mejor buscar un profesional en las cuestiones del pelo cuando uno lo necesita.

Las barberías siempre ha sido un lugar muy concurrido. Lo podemos comprobar al ver que el sitio de reuniones en los vecindarios, es la barbería.

Creo que el barbero que uno visita es una persona que le tiene que agradar a uno. Pienso que uno no va a recortarse el pelo, con alguien que no es muy agradable. Por esa razón, bien comprendida por los barberos, ellos son personas que siempre hablan mucho y tratan de hacer amistad con sus clientes.

Cuando yo era niño solo recuerdo un barbero en el vecindario que yo vivía. Tal vez había muchos más, pero yo no los conocía, ni tampoco tenía el lujo de escogerlo. El barbero de mi vecindario se llamaba Don Jesús, pero no se crean que era un santo. El recuerdo que tengo de él es que, había que llamarlo, cuando uno tenía que recortarse.

Tenía la barbería en su hogar y recortaba a las personas en un pequeño barcón que tenía la casa. Algunas veces mi hermana que, era la que tenía que llevarme a recortar, tenía que llamarlo cinco o diez minutos antes de que él apareciera.

El problema de llamarlo, el recortarse en el barcón y que a mi hermana no le gustaba llevarme, eran cosas que me hacían la visita al barbero, desagradable.

Recuerdo que algunas veces algunos niños de la comunidad pasaban y se empezaba a reírse de mí; algo que yo detestaba. Otra de las cosas que no me gustaba era que, mi mamá siempre nos daba la misma cantidad de dinero para pagar, y cundo le dábamos el dinero al barbero siempre decía lo mismo. Aquí le protagonizo una visita a la barbería.

Madre:	Oye Can, Tienes que irte a recortar, estas que pareces un ovejo. Llama a tu hermana, para que te lleve.

Yo:	Yo creo que, es mejor que la llames tú, a ella no le gusta llevarme a recortar.

Hermana:	Que pasa mamita, ¿me llamaste?

Madre:	Sí, tienes que llevar a Can, a recortarse.

Hermana:	Pero, ¿por qué tengo que ir yo? Él sabe el camino a la barbería.

Madre:	No discutas más. Aquí tienes el dinero.

Con mucho desagrado, llegábamos a la casa de Don Jesús y empezábamos a llamarlo. A los 10 minutos aparecía el barbero refunfuñando.

Barbero:	¿Qué quieren?

Hermana:	Mi hermano quiere recortarse.

Yo:	Yo no quiero recortarme.

Barbero:	Entren; sienta a tu hermano en el sillón. Yo voy a buscar los instrumentos de recortar.

A los cinco minutos aparecía él y me empezaba a recorta. Nunca recuerdo que me preguntara, como quería el recorte. Solo empezaba y en 10 minutos ya yo estaba recortado. Yo me sacudía el pelo de mi ropa y él decía.

Barbero:	Pero nene, no te sacudas aquí, vete abajo y sacúdete todo lo que quieras.

Para completar mi hermana le daba el dinero y él decía.

Hermana:	Aquí tiene el dinero.

Barbero:	¿Pero, ¿qué es esto? Yo te dije la última vez que los recortes habían subido. ¿Le dijiste los que yo te dije a tu mamá?

Hermana: Sí, se lo dije.

Barbero: Y, ¿qué ella dijo?

Hermana: Ella dijo que ese dinero que le di, era lo que todos los barberos cobraban por un recortar.

Nunca le entendí lo que decía el barbero de esto. Siempre entraba a su casa refunfuñando y yo, no lo podía entender.

Con el tiempo nos mudamos y yo empecé a ir a la barbería solo. El primer barbero que tuve era como Don Jesús. Él no refunfuñaba, pero había que llamarlo cinco o diez minutos, tenía la barbería en su casa. Con el tiempo ese barbero murió y fui pasando de barbero en barbero, por uno cuantos años. Tuve muchos barberos, hasta que un amigo de la infancia se hizo barbero y empezó a recortar. Él era más moderno, tenía su propia barbería.

Con este barbero me estuve recortando hasta que me mudé a Kansas City. En esta ciudad nunca tuve un barbero que me gustara. La verdad, creo que no visité a una barbería más de dos veces.

Cuando me mudé a Georgia y empecé a trabajar como maestro, encontré que en el sector de la escuela había una barbería latina. Un día la visité y vi que muchas personas latinas y americanas iban a usar sus servicios. Me gustó el ambiente y por primera vez en los Estados Unidos, me sentí cómodo en una barbería.

Cuando empezó la pandemia las cosas cambiaron un poco. Yo me recortaba con el mismo barbero que conocí en esa barbería latina. Él estableció su propio negocio. La primera vez que fui a su barbería nueva no la encontraba, porque no le puso el nombre de barbería. Ahora era un estilista del pelo.

Él es un buen barbero y siempre me he sentido cómodo usando sus servicios. El único problema que he visto, es que hay que hacer citas para recortarse. Muchas veces fui sin hacer cita y tuve que esperar mucho tiempo para recortarme. Con el tiempo me acostumbré y no había tenido ningún problema hasta que llegó lo inesperado.

La pandemia empezó y cambio todo. Yo no sabía si era conveniente ir a la barbería o comprar una máquina de recortar, y ejercer la profesión de barbero. Yo no tengo ningún título, ni conocimientos de barbería, por eso esperé unos meses antes de decidir, si iba o no a la barbería. Por fin decidí llamar al barbero. En la conversación le pregunte si había que usar máscara para recortarse. Él me dijo que sí, pero que me la tenía que quitar en el recorte. Él siempre usaría la máscara y los guantes. Hice una cita para el siguiente día temprano en la mañana. Bueno, temprano para el barbero es a las 11 de la mañana. Con un poco de miedo llegué a la barbería. Para mi sorpresa, el barbero me estaba esperando. Lo saludé, me quité la máscara y él empezó a recortarme. Él empezó a contar los requisitos de tener que usar la máscara y los guantes todo el tiempo en la barbería; yo me sentí más seguro.

Seguimos cambiando la conversación y como siempre hablamos de diferentes temas. Este es el barbero que conocí cuando yo trabajaba en la escuela de Stockbridge Ga. Él es una persona agradable y Con el correr de los años nos hicimos amigo de barbería. Ahora ya no tengo que decirle como quiero que me recorte.

Siempre es el mismo recorte, con la única diferencia que ahora tengo, mucho menos pelo.

Seguí visitando la barbería cada dos meses hasta que un día, llamé para hacer una cita y el barbero no me contestó. Le dejé un mensaje, llamé al otro día, pero nunca pude comunicarme con él. Ahora sí que tenía un problema. Pensé que se había regresado a Puerto Rico. Después me di cuenta que eso no importaba, porque él tenía el mismo teléfono. Le escribí un testo, pero tampoco me contestó. Perdí las esperanzas y me di a la tarea a buscar otro barbero.

Con la cuestión de la pandemia, no sabía a donde ir y me decidí por recortarme yo mismo. Mi esposa había comprado una maquina de cortar pelo y me la prestó. Estuve pensando toda la semana hasta el viernes me decidí a hacerme barbero sin título. Busqué la maquinita, un espejo y me fui al baño. Con un espejo en la mano, la máquina de cortar pelo en la otro, empecé a mirarme en el espejo del baño y me di cuenta que recortarse no era ningún mamey. Con todo y eso seguí adelante. Como decía mi madre: "de los cobardes no se ha escrito nada". Estuve como una hora recortándome. Cuando termine, no me atrevía a salir de baño. Me miré y me miré en el espejo y me di cuenta que el recorte, no estaba nada de mal. Me ahorré los veinticinco dólares y de acuerdo con mi criterio, yo no tenía que envidiarle nada a los estilistas de pelo; así que me hice barbero profesional, sin título.

Yo no visito las peluquerías de mujeres, mi esposa va a recortarse el pelo todos los meses, en esos salones de estilo. Al menos eso era lo que hacía antes de empezar la pandemia. Unas de las cosas que dejó de hacer ella, fue las visitas a este lugar. Ella sentía que se podía contagiar si asistía a recortarse el pelo. Un día compró una maquinita de cortar pelo, pero pronto descubrió que no era fácil recortase uno mismo. Llamó a uno de nuestros hijos y le dijo que la recortara.

Él lo hizo con mucho gusto y al parecer ella quedó complacida. La recortó dos veces. A la tercera vez ella vio un retrato de una nueva moda de pelo que, se está usando entre las mujeres. Le pidió al nuevo estilista, que le hiciera ese recorte. El recorte era como dejarse mucho pelo arriba, en los lados y abajo bien corto. Se lo dijo a nuestro hijo y el sin mucho reparo la recorto; pero esta vez ella no quedó tan contenta como las veces anteriores. Cuando yo la vi sentí que había algo raro en ella, pero no me daba cuenta que, era lo raro. Luego me dijo lo del recorte, pero que no le gustaba como le había quedado. Yo le dije que se veía muy bien, pero creo que ella no creyó lo que yo le dije.

Al otro día salimos al supermercado y pasamos por donde ella solía recortarse. Me dijo que me detuviera para ver qué estaba pasando. Había dos personas afuera y una mujer joven parecía que les decía a los clientes cuando entrar. Todo el mundo tenía máscaras. Cuando llegamos a nuestra casa, mi esposa llamó a la peluquería e hizo una cita para que le arreglaran el recorte. Así fue como mi hijo se tuvo que retirar de la profesión de estilista. Su única clienta, renuncio.

Amistades y reuniones amigables:

En una página Web, encontré una definición muy bonita y abarcadora de lo que es la amistad; y dice así. "La amistad es una relación afectiva que se puede establecer entre dos o más individuos, a la cual están asociados valores fundamentales como el amor, la lealtad, la solidaridad, la incondicionalidad, la sinceridad y el compromiso; se cultiva con el trato asiduo y el interés recíproco a lo largo del tiempo."

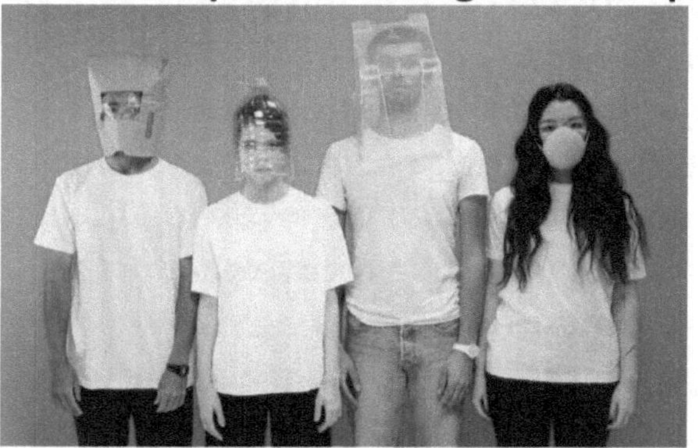

En esta definición podemos recoger lo más importante de lo que es amistad. Yo no he sido bendecido con la habilidad de tener muchas amistades. Creo que es un don que Dios le da a la persona de tener el carisma de atraer otros seres humanos. A lo largo de mi vida puedo contar con los dedos de mis manos, las personas que puedo llamar amigos. Quizás me equivoque y sea que soy muy tímido o que soy muy exigente con el concepto de lo que es amistad. La verdad es que eso no importa mucho. Tengo algunas personas que pudo llamar amigos y otras muy allegadas, que son amigos o amigas de mi esposa.

Cuando estaba en Puerto Rico tenía los amigos de mi niñez. Esos amigos se quedaron atrás cuando me casé. Por razones que no vienen al caso esas amistades confluían con mi matrimonio. Luego me mudé a los Estados Unidos y esas personas quedaron atrás. En Kansas City había algunas personas que compartían conmigo y se podría decir que eran amigos. También esas personas se quedaron en el pasado, cuando me mudé al estado de Georgia. Aquí con el afán del trabajo y otros problemas, empecé otra vez.

Tengo pocas amistades y se podría decir que casi todas son mujeres. Por alguna razón es más fácil para mí hacer amistades con el sexo opuesto. En la escuela como profesor de español, tenía pocas amistades, y las que hice fueron todas mujeres. Esas amistades siempre duraron. Algunas de ellas fueron a trabajar a otras escuelas, pero siempre seguimos siendo amigos. Algunos de los esposos de ellas se convirtieron en lo que yo llamo amigos de segunda mano. Todos eran y son buenas personas y disfrutábamos al igual de la mutua compañía. Digo de segunda mano porque solo nos encontrábamos cuando nos reuníamos en mi casa, o en la casa de ellos; mi esposa y la esposa de ellos siempre están cuando nos reunimos. Nuca nos llamábamos para ver una pelea de boxeo, ni para jugar baloncesto, o algo parecido. La verdad es que esas personas son solo dos o tres.

Con el tiempo llegué a considerar las amistades de mi esposa mis amistades, pero rara vez yo visito sus casas.

Mi esposa tiene uno o dos grupos de amistades que hacen actividades en la iglesia y después salen a beber café. Yo creo que el beber café era solo una excusa para hablar y pasar un rato juntas; por favor no comenten lo que he dicho con mi esposa.

Cuando empezó la pandemia el cambio fue de 180 grados; como cuando uno le da vuelta a lo que tiene en la mano y puede ver el lado oculto del objeto. En otras palabras, no se han visto más.

Los rosarios en la iglesia desaparecieron, y con ellos la ida a beber café; algo que todas ellas disfrutaban mucho. También había reuniones, se jugaba bingo y se disfrutaba de la comida, preparada por todos los participantes; también desaparecieron.

En fechas especiales, mi esposa invitaba a nuestra casa, diferentes amistades con sus esposos para compartir y celebrar los acontecimientos. Fechas como Navidad, Día de Acción de Gracias, La Pascua, o simplemente compartíamos un caluroso día del verano. Era mucho trabajo prepara toda la casa y la comida para recibir los invitados, pero la verdad, me gustaba ser el anfitrión de la reunión, y por eso casi siempre era en mi casa.

Recuerdo la última reunión en que un grupo de personas de la iglesia se congregó para jugar bingo y disfrutar de la cena. Mi esposa y yo asistimos. La directora del grupo dijo que ella no iba a ser la directora más. Su esposo había muerto recientemente y ya ella no estaba en condiciones de seguir con el compromiso.

Su esposo no era mi amigo, se podía decir que era una persona que a través de las reuniones llegó a conocerme y algunas veces disfrutaba de nuestra compañía.

En una reunión nos pusimos a hablar de béisbol, monedas de colección y otros temas y nos dimos cuenta que teníamos más cosas en común de lo que pensábamos. Cuando su esposa empezaba a cantar el bingo se sentaba en la mesa que nosotros ocupábamos. Un día me dijo que tenía que estar cerca para poder oír los números. En ese momento me di cuenta que no podía oír bien.

Con el tiempo noté que él había perdido mucho peso y tenía dificultad al andar. Cuando murió a principio del año, mi esposa y yo fuimos a una misa dedicada a él. Después de la misa las pocas personas que había se quedaron para compartir unos comestibles. Se podría decir que era un almuerzo ligero. Fue una de las pocas veces que yo compartir un poco con algunas personas de la iglesia. Había un ambiente de confraternidad y aceptación que rondaba, todo el salón. La verdad me sentí muy bien. Esta fue la última misa de difunto que pude asistir en una forma normar.

En ese último bingo que esta persona ya no estaba con nosotros, compartimos con la madre de una amiga de mi esposa. Ella nos invitó al cumpleaños de su esposo, que sería a principios de marzo. Nosotros aceptamos con mucho gusto. Llegado el día del cumpleaños, las cosas no estaban como tres semanas atrás. Se hablaba mucho de la pandemia y el peligro del contagio.

Con mucha pena mi esposa llamó a su amigo y a su madre, para decirles que no íbamos a asistir al cumpleaños. Fue una oportunidad para compartir con las pocas personas que yo puedo llamar amigos o casi amigos, que no se llegó a concretarse.

La cuaresma pasó y llegó la pascua. Para esta fecha siempre invitamos alguna persona a nuestra casa para celebrar juntos; pero este año no se pudo hacerse. El domingo llegó y no se pudo ir ni a la iglesia porque ya las misas se habían suspendido. El día transcurrió como cualquier otro domingo. No se sentía ese ambiente en el que uno desea compartir con otras personas y recibir a sus conocidos en el seno del hogar.

Las salidas de la casa se hicieron cada día menos y menos. Un día yo tenía que ir a Lowe's, e invite a mi esposa. Caminando por la tienda mi esposa reconoció a una de sus amigas, y no pudo resistir la tentación de hablarle; la llamó por su nombre. La señora viró su cabeza y cuando vio a mi esposa trató de ir hacia ella y abrazarla. En cuestiones de segundo la vi cómo se paró de repente y las dos cambiaron saludos sin acercarse mucho. Este fue el intercambio.

<u>Esposa:</u>   ¡Fulana!
<u>Fulana:</u>   Hola, Que sorpresa.
<u>Esposa:</u>   ¿Cómo tú estás?
<u>Fulana:</u>   Muy bien ¿y tú?
<u>Esposa:</u>   Bien; gusto en verte.
<u>Fulana:</u>   Adiós.
<u>Esposa:</u>   Espero que todo esto pase pronto, para poder hablar y abrazarnos.
<u>Fulana:</u>   Sí, yo espero lo mismo.

Con un sentimiento que no había sentido antes, miré la escena y le dije adiós a ella y su esposo. No hablé del triste encuentro con mi esposa, pero me quedé pensando lo que vi por muchos días. Esa no fue la última escena similar que recuerdo. El esposo de una amiga de mi esposa, que la puedo llamar mi amiga, también murió es este terrible tiempo. Nadie sabía que pasaría y muchas preguntas revoloteaban en la mente de todos lo que los conocían. ¿Le harán algún funeral?, ¿Habrá alguna misa para recordarlo? Estas eran algunas de las preguntas que mi esposa y yo nos preguntábamos. Al final supimos que habría una misa en honor al difunto. Fuimos a la misa y había una persona en la puerta, recordándoles a las personas que necesitaban una máscara.

Nos sentamos en una esquina de un banco y otra persona estaba al final del mismo banco. Todo el mundo estaba guardando distancia. Mi esposa pudo reconocer a las personas que conocía. Yo no pude reconocer a nadie, desde mi asiento. No había muchas personas, y la misa transcurrió rápido. El sacerdote y el ministro tenían máscaras. La comunión llegó, cuando me levanté, pude reconocer algunas personas, mientras caminaba hacia el altar. También notar que esas personas que comulgaban normalmente en tiempos regulares, no se levantaron esta vez. Después que recibí la comunión y me senté, me puse a pensar en lo que observé y comprendí por qué algunas personas no comulgaron. En ese momento me di cuenta que ellas eran más cuidadosos que yo.

Estas personas estaban evitando el contacto personal con el ministro que repartía la comunión. Yo nunca pensé en ese detalle. Pensé que, al terminar la misa, mi esposa se detentaría a hablar con algunas de sus amigas, pero no lo hizo. Saludó a las amigas que encontró en el camino y siguió para el estacionamiento. Otro acontecimiento triste que yo nunca lo había experimentado.

Como dejamos de ir a la misa, la veíamos por medio de las redes sociales y cada tres o cuatro semanas le llevábamos las ofrendas al sacerdote a la parroquia.

Luego se reanudaron las misas, pero mi esposa decidió seguir viéndola por las redes sociales. Un domingo decidimos llevar las ofrendas, sin darnos cuenta que era domingo y probablemente el estacionamiento estaría llenó.

Llegué a la iglesia y vi que había muchos carros en el estacionamiento, en ese momento me acordé de la misa. Pasamanos por la entrada y un seglar estaba recogiendo la colecta, en la entrada de la iglesia. Le dimos los sobre y le preguntó a mi esposa, si íbamos a entrar para oír la misa; mi esposa le dijo que no. Dimos la vuelta al estacionamiento para salir, y mi esposa pudo reconocer una amiga con su esposo. Ellos estaban esperando que empezara la misa, para oírla, desde su automóvil, por la radio.

Mi esposa la saludó, desde la distancia, moviendo su mano; yo hice lo mismo. En ese momento sentí el mismo sentimiento de congoja que sentí anteriormente, cuando mi esposa saludo a una de sus amigas en Lowe's. La diferencia fue que esta vez el sentimiento me invadió y no pude articular ninguna palabra.

Nunca pensé que fuera a sentir algo similar en estos tiempos, pero estaba equivocado. Aunque yo no veía frecuentemente a estas personas, me daba sentimiento al verlos y no poder acercarme a ellos, para saludarlos, preguntarles cómo estaban y hacer un chiste, para reírnos de los acontecimientos de la vida diaria. Ahora sí que puedo aplicar el refrán de mi madre que decía: "Cualquier tiempo pasado fue mejor". Esto es solo una muestra de encuentros con los amigos que dejamos de ver, después que entramos en la infección del GOVID 19. Espero que ustedes la hayan pasado mejor que yo.

Pasado año y medio, el 24 de mayo del 2021, ,mi esposa me dijo que una de sus amiga que usualmente rezaba el rosario, cumplía años. Luego me dijo que otra amiga y ella iban a llevar a la cumpleañera a desayunar. Yo me extrañe mucho, pero a la misma vez me alegraba porque eso era signo de que el miedo al contagio estaba pasando. Hasta ese día mas del 50% de las personas en los Estados Unidos había sido vacunadas por completo. Ella fue al desayuno y luego me dijo que entraron con máscaras al restaurante y luego se las quitaron porque ellas tres, estaban vacunadas. Parece que estamos en el ojo del huracán. Espero que el resto del huracán pase pronto.

<u>La enseñanza escolar:</u>

El número de personas envueltas en la enseñanza pública, privada y universitaria es tan grande, como el resto de la personas en la fuerza laboral. De acuerdo con Fast Facts y cito; "Se proyecta que alrededor de 56,4 millones de estudiantes asistirán a escuelas primarias, intermedias y secundarias en los Estados Unidos. 50,7 millones de estudiantes en escuelas públicas. 5,7 millones de estudiantes en escuelas privadas.

De los 50,7 millones de estudiantes de escuelas públicas Se espera que 1,5 millones asistan a pre kindergarten. Se espera que 3,7 millones asistan a kindergarten. Se espera que 35,3 millones asistan desde pre kindergarten hasta octavo grado. Se espera que 15,4 millones asistan a los grados 9 a 12.

Alrededor de 4.1 millones asistan al noveno grado. (El grado que los estudiantes suelen ingresar a la escuela secundaria).

Se proyecta que alrededor de 3,7 millones de maestros en el otoño de 2020. 3,2 millones de profesores en las escuelas públicas. 0,5 millones de profesores en escuelas privadas.

También se proyecta que alrededor de 19.7 millones de estudiantes asistirán a colegios y universidades en el otoño de 2020. 12.0 Millones de estudiantes asistan a tiempo completo. 7.7 millones de estudiantes asistan a tiempo parciales. 16.7 millones de estudiantes en programas de grado asociado. 3.1 millones de estudiantes en programas de posgrado. 14.6 millones de estudiantes en instituciones públicas. 5.1 millones de estudiantes en instituciones privadas. 5.8 millones de estudiantes en instituciones de 2 años. 14,0 millones de estudiantes en instituciones de 4 años”.

Como podemos ver el número de personas asociadas con la enseñanza en los Estado Unidos de Norte América es enorme. El gobierno tiene que darle prioridad a este sector de la economía, tomando en cuenta la pandemia.

Ya que estamos hablando de educación, quisiera dedicar unos minutos a hablar de que es un maestro. Quiero hacer esto, porque por lo general cuando hablamos de educación, el maestro siempre entra en la conversación. Como diría mi madre. “El maestro es el jamón de sándwich”.

Cuando el estudiante no le va bien en las clases, el maestro es el culpable. Si el estudiante lleva malas notas a la casa, es porque el profesor no es un buen maestro, no le importa los estudiantes o no sabe dar la clase. Si el maestro envía muchos estudiantes a la oficina, es porque él no sabe controlar la clase. Si los padres no sabían que su hijo, no estaba pasando la clase, el culpable es el maestro. Estas son algunos de los problemas que enfrenta la profesión de maestro. Como vemos, en todos los casos, siempre se culpa al maestro. Quisiera saber, ¿Por qué siempre es, el maestro?

Recuerdo ahora que, no siempre es el maestro el culpable. Una vez, en una reunión de profesores y padres, le dije a una madre, que su hijo está pasando la clase con muy buenas notas, sacando A en todos los exámenes. La señora me miró, sonrió y me dijo; "es que mi hijo es tan y tan inteligente. Gracias, pero yo sabía eso".

Nunca he escrito nada de mis experiencias como profesor de escuela superior, (high school). Ahora creo que llegó el momento para decirles a las personas que me hacen el honor de leer este libro, cual es el trabajo del maestro.

Cuando yo empecé a trabajar como profesor en las escuelas públicas pensé que el ser maestro era solo pararse en frente de los estudiantes y tratar de tener la atención de ellos para que aprendieran un poquito de español. Rápido me di cuenta que, como decía mi madre y cambiando un poco el refrán. "El ser maestro no es ningún mamey". En otras palabras, no es tan fácil como se ve, desde la oficina del principal.

El profesor de la escuela tiene que lidiar con un montón de trabajo que no es exactamente dar la clase.

Una vez oí a alguien decir que el trabajo más fácil era el de ser maestro de escuela. Le pregunté el ¿por qué? y me dijo, y cito; "Los maestros son los únicos que tienen dos meses de vacaciones". Creo que, mejor les recreo la conversación.

Persona:	Me dijeron que estás trabajando como profesor de escuela segundaria.

Yo:	Sí, decidir volver a la universidad y ahora soy profesor de escuela superior.

Persona:	Debes de estar contento, tienes dos meses de vacaciones.

Yo:	Los dos meses son muy buenos. Lo que tú no sabes es que, hay que hacer un sin número de trabajo fuera de la escuela que, me lleva mucho tiempo todos los días.

Persona:	De que estás hablando. Ojalá yo fuera maestro. Termino a las cuatro de la tarde y hasta el otro día.

Yo:	Hay muchas cosas que un maestro tiene que hacer fuera de las horas de clases.

Persona:	De que estás hablando; aunque sea una sola de esas cosas, quisiera que me la mencionaras.

<u>Yo:</u>   OK; cuando yo termino la clase, ya tengo que empezar a pensar en la clase de otro día. Llego a mi casa y tengo que buscar información sobre lo que voy a enseñar. Tengo que prepararme, para dar la clase en una forma que no sea muy aburrida, por eso tengo que tener diferentes actividades, para el día. Si hay algunas reglas gramaticales, tengo saber todo lo relacionado a las reglas y tener algunos ejemplos de cómo aplicarlas. Después que tenga todo esto, tengo que hacer una lección escrita que, yo pueda seguir en la clase. Hay que calcular el tiempo que me va a llevar todas las actividades, para no tener ni mucho tiempo ni poco tiempo de enseñanza. El tiempo y la lección deben ser exactos.

<u>Persona:</u>   Hacer eso todos los días, se ve un poco tedioso, pero en el fin de semana te olvidas de las lecciones.

<u>Yo:</u>   El fin de semana hay que hacer la lección del lunes y las lecciones de la semana, en una forma general para el principal.

<u>Persona:</u>   No seas tan dramático, con el tiempo te acostumbra a eso y te sobra el tiempo para otras cosas.

<u>Yo:</u>   Sí, tengo que buscar tiempo para hacer otras cosas de la escuela

<u>Persona:</u>   Para que necesitas más tiempo. Ponte a ver la tele y relájate un poco.

<u>Yo:</u>   Ya que dices eso. Tengo que sacar tiempo para hacer los exámenes; después tengo que corregirlos.

<u>Persona:</u>   Ya sé, los exámenes toman mucho tiempo, pero no es todos los días.

Yo:	Muchas veces hay que tener exámenes todas las semanas. Pero déjame decirte que, todos los días hay que tener trabajo escrito, para los estudiantes. Ese trabajo diario de los estudiantes, hay que corregirlos para saber si están aprendiendo.

Persona:	Creo que mejor no estudio para maestro.

Yo:	No te pongas triste. Hay otras cosas que no es corregir papeles y hacer lecciones para la clase.

Persona:	Yo sabía que había otras cosas. Dime, ¿cómo cuáles?

Yo:	Bueno esta semana tengo que escribir algunos correos electrónicos a los padres y llamarlos, para informarles como están sus hijos, en la clase. En la tarde, tengo dos conferencias, con algunos padres de los estudiantes. La semana que viene, es la conferencia que tenemos para todos los padres, en la noche. También tengo la reunión en la mañana con el principal.

Persona:	Pero, tienes tiempo para algo más.

Yo:	Bueno eso no es todo. Tengo también que…

Persona:	No, no me digas nada más. Mañana mismo voy para la universidad.

Yo:	Oh, vas a tomar otras clases de maestro.

Persona:	No, voy a darme de baja de las que tengo.

Yo:	Pero no te desilusiones. Como tú dijiste, los maestros tienen dos meses de vacaciones.

Hay algunas de las personas que estudian para maestros y después de un año dejas la profesión. Hay otros que duran menos de cinco años.

Mi amigo no me dejó terminar, pero hay otras obligaciones que recaen en la profesión de maestros, pero que no las voy a decir, ustedes tienen una idea de lo que es ser profesor de escuela.

La pandemia llegó en el año escolar 2019 /2020, y aunque las personas piensen que fue un alivio para el maestro, no fue ciertamente un alivio. Los distritos escolares, les dieron la posteta a los padres de decidir si tomaban clases virtuales o querían que los estudiantes volvieran al salón de clases para el nuevo año escolar.

Aparentemente no todos los padres querían tener la responsabilidad de tener que vigilar a los hijos, para que tomen las clases virtualmente, las asignaciones, y tenerlos en las casas. Esa situación causó una polémica en todos los distritos escolares de los Estados Unidos. A consecuencia de eso, hay muchos distritos en que los maestros van a tener que ir a dar las clases a los estudiantes que regresan al salón de clases y luego dar las clases virtuales, a los que se queden en sus casas. Esto ha hecho que algunos distritos escolares tendrán clases en la noche para que los padres puedan vigilar a los estudiantes tomando las clases y hagan sus asignaciones.

Todos los distritos escolares se han afectado con el problema de la pandemia. Los estados están recibiendo menos dinero de lo acostumbrado. Esto quiere decir que las escuelas no van a recibir más fondos para reclutar más profesores y más paraprofesionales de la enseñanza.

Muchos distritos escolares decidieron abrir las escuelas a los estudiantes, otras personas, pensaron que era mejor tener un año virtual. La verdad cualquier decisión es controversial; siempre hay alguien que no está de acuerdo. Hasta ahora no he escuchado ninguna opinión de los estudiantes que, haya sido recolectada por los distritos escolares. Quiero decirles algo de lo que pasó en Georgia.

En noticias reporteadas por Jordán Freiman de CBS News en agosto 10, 2020. Se dijo y cito: "Algunos distritos escolares suburbanos de Atlanta comenzaron las clases en persona el lunes, con políticas de máscara opcional. El día después de que se reanudaran las clases, una escuela anunció que un alumno de segundo grado, dio positivo por el coronavirus, lo que obligó al maestro y a los compañeros de clase del niño, a ser enviados a sus casas, a guardar cuarentena durante dos semanas.

En el condado de Cherokee, Georgia, al menos 11 estudiantes y dos miembros del personal de las escuelas primarias, intermedias y secundarias, han dado positivo por COVID-19, desde la semana pasada. Después de realizar el rastreo de contactos, el distrito dijo que al menos 250 estudiantes y personal que tuvieron una posible exposición a casos positivos, deben estar en cuarentena durante dos semanas. Durante ese tiempo, los estudiantes recibirán instrucción en línea".

El día 10 de septiembre del 2020. Los periódicos informaron lo siguiente y cito.

"Aproximadamente medio millón de niños en los Estados Unidos han dado positivo por COVID-19, la enfermedad causada por el nuevo coronavirus, según un nuevo informe conjunto de la Academia Estadounidense de Pediatría (AAP) y la Asociación de Hospitales de Niños. El informe, que se publicó a principios de septiembre, decía que, un total de 513,415 niños dieron positivo al virus desde el inicio de la pandemia.

También señaló que ha habido aproximadamente 70,000 casos de coronavirus entre niños entre el 20 de agosto y el 3 de septiembre, lo que representa un aumento del 16 por ciento en los casos de niños con respecto a las dos semanas anteriores.

Los estados que incluyen Montana, Dakota del Norte, Dakota del Sur, Indiana, Missouri y Kentucky, registraron el mayor aumento porcentual de casos infantiles de COVID-19. Sin embargo, los casos entre niños siguen siendo raros, y el grupo demográfico representa menos del 10 por ciento de los más de 6 millones de casos en los EE. UU. Los niños también representan entre el 0 y el 0,3 por ciento de todas las muertes por COVID-19, y 18 estados informan cero muertes infantiles".

En una noticia reportada por Sharif Paget y Hollie Silverman, (CNN) – "El distrito escolar más grande de Georgia, ha confirmado que alrededor de 260 empleados han dado positivo por Covid-19 o han estado expuestos.

Los empleados del Distrito Escolar del Condado de Gwinnett (GCPS) no regresarán a la escuela todavía, ya que los distritos de todo el país continúan ajustando sus planes de regreso a la escuela para prevenir la propagación del virus.

Algunos distritos escolares se fueron virtuales desde el principio y luego cambiaron su opinión para permitir que los estudiantes vuelvan al salón de clases y los que no quieran seguirán sus clases virtual.

Una noticia como esta se dio a conocer el 31 de agosto del 2020 por el condado de Henry en Georgia. A continuación, cito parte del comunicado. "Esperamos que su tercera semana de aprendizaje remoto haya tenido un gran comienzo. Como adelantamos la semana pasada, nuestra junta celebró una reunión especial hoy, para discutir el plan gradual / escalonado para permitir que los estudiantes regresen al aprendizaje, en el campus. La reunión de hoy reveló algunas fechas importantes para las distintas fases del plan, así como el proceso de selección requerido para que las familias elijan el modelo de aprendizaje que desean seguir: Aprendizaje en el campus o continuar con el aprendizaje remoto. No importa la preferencia de la familia, se debe hacer una elección para cada niño en edad escolar de la familia".

Como podemos ver no hay una sola opinión de lo que se debe hacer para este año escolar. Aparentemente todos los distritos tienen una diferente fórmula, que es la perfecta para sus estudiantes.

Mi opinión es que en situaciones como la que estamos viviendo, todos los distritos escolares deben seguir un mismo patrón de conducta. Si resurta ser errónea, entonces modificarlo. De esa manera nadie puede culpar a otras personas. Los niños son el futuro de mundo. Quizás la mortalidad entre ellos es bien baja, pero nadie sabe las consecuencias futuras que pueda traer el contagio, en la salud de los niños. Los gobiernos y los distritos escolares pueden decir que es seguro el volver a los salones de clases, pero las últimas consecuencias, las van a tener los nuños y el sufrimiento los padres, compartida con los niños.

Los padres tienen la última palabra. Una educación para los niños es importante, pero siempre está la alternativa de la enseñanza en las casas; principalmente para los niños de primaria. Mi reflexión es que es mejor que el niño pierda un año de enseñanza en su vida, y no la vida en un año de enseñanza. Los padres tienen la última palabra. Espero que pongan a sus hijos por delante y no sus conveniencias.

Creo que la pandemia les trajo justicia a los maestros. Los padres se han dado cuenta que no es fácil ser maestro, y es bien difícil tener a los estudiantes enfocados en lo que tienen que hacer. Los padres tienen que hacerle ver a sus hijos que están jugando con su futuro y que el tiempo de estudiar es el que están viviendo ahora. Las lamentaciones no sirven de nada; ni tampoco echarles la culpa a los maestros.

Deportes:

Si algo yo disfruto mucho, son los deportes. No soy fanático de todos los deportes, pero siempre he apreciado un buen juego, o alguna competencia que se este celebrando y según mi criterio sea importante.

Alguien veces la competencia no es tan importante, pero si compite alguien que yo quiero ver, entonces es importante para mí. Para darles un ejemplo, le diré un acontecimiento de los más recientes. Aunque soy un fanático de la pista y campo y siempre trato de ver las competencias de la liga diamante. Cuando competía Javier Curson en los 400 con vallas, para mí era más interesante la carrera. Eso me ha pasado en muchos deportes y he terminado siendo un buen fanático del mismo. La verdad es que me he hecho fanático de casi todos los deportes, siguiendo a alguien, que quería ver en la competencia. También tengo que decir que, aunque no esté siguiendo a algún atleta, me gusta ver las grandes competencias y las disfruto como el más leal de los fanáticos.

Eso me pasa con La copa mundial de futbol, cada cuatro años. De niño yo nunca jugué futbol. En mi país de origen, ese deporte era casi desconocido cuando yo me criaba. La primera vez que vi algo de futbol fue cuando en la televisión, vi una jugada del gran Pelé, (la chilena). Ahora veo la copa mundial cada cuatro años y la disfruto como un buen fanático.

Mi equipo favorito en las copas es el que esté actuando bien, pero siempre voy con la expectativa de ver a los Estados Unidos, a México, a Argentina y a Brasil. Si algún otro equipo está haciendo buena actuación, también lo sigo.

Siempre fui un buen fanático del béisbol, De niño soñaba con ser pelotero. En las grandes ligas, solo seguía a los equipos que tenían mis peloteros favoritos. En los últimos años solo veo los juegos de clasificación, el juego de estrellas y la serie mundial.

En el futbol americano me hice fanático de Kansas City cuando vivía en esa ciudad. Luego me mudé a Atlanta y me hice fanático de los Falcons. No puedo ocultar que disfrute mucho la victoria de Kansas City en el Super Bowl LIV.

Me gusta mucho el tenis, tanto el de hombres como el de mujeres. Los dos son igual de interesante. En general, siempre me ha gustado el atletismo, disfruto mucho la pista y campo. El golf me atrae también, principalmente los tornes mayores como el "US Open" y "The Masters". Hay un deporte que me gusta también y que es todo el año; ese deporte es el boxeo.

Disfruto mucho el boxeo, y en este deporte veo cualquier pelea que sea interesante, especialmente si hay un boxeador fuerte, lo que llamamos un noqueador.

Cuando empezó la pandemia pensé que no afectaría mucho los deportes, pero estaba lejos de la verdad. Esa fue una de las conversaciones, con mi esposa cuando empezó todo esto. Aquí les cuento algo de la conversación.

Esposa: La pandemia va a cambiar muchas cosas de las que conocemos.

Yo: A cambiar, no creo que la pandemia pueda cambiar nada.

Esposa: Yo no estoy muy segura de eso. Ya tú ves que hay muchos cambios en todos los renglones de la economía. Hay muchas de las actividades que se van a suspender. También, ahora estamos en cuarentena. No podemos salir, como antes lo hacíamos.

Yo: Lo que pasa es que hay que contener el brote del virus.

Esposa: Tú lo estás diciendo, hay que contener la pandemia; por eso, hay muchos cambios y muchos por venir.

Yo: Yo espero que no suspendan las peleas de boxeo o algún otro deporte.

Esposa: Yo creo que eso es lo próximo que viene. Hay algunos países que están suspendiendo todos los deportes.

Yo: Si suspenden los deportes, va a ser una cuarentena bien larga.

<u>**Esposa:**</u>   Sí, y van a tener que buscar otro nombre para este encierro, porque van a ser mucho más de cuarenta días.

Yo no quería ni pensarlo, pero mi esposa terminó teniendo razón. Poco a poco fueron cambiando las fechas de las actividades deportivas. Algunas de ellas fueron suspendidas, hasta el año entrante. Aquí les voy a decir algunas de las actividades que fueron suspendidas o cambiadas de fecha, buscando una solución al problema de la pandemia.

Ha sido tal el impacto, que los Juegos Olímpicos de Tokio 2020, la Eurocopa y la Copa América, los principales torneos de fútbol de selecciones del Viejo Continente y Sudamérica, previstos para celebrarse entre junio y agosto, fueron aplazados exactamente un año. Esto sin contar las competiciones suspendidas o canceladas, entre ellas, el Giro de Italia y el torneo de tenis de Wimbledon. Aquí hacemos un repaso de algunas de las más importantes.

Por primera vez en la historia, el Belmont Stakes se corrió como la primera carrera de la Triple Corona. El orden para 2020 fue, el Belmont Stakes primero, Kentucky Derby segundo y Preakness Stakes que generalmente es la segunda pata de la triple corona, debido a la pandemia de COVID-19, se invirtió, con el Derby de Kentucky. Moviéndose el Kentucky del 2 de mayo al 5 de septiembre, el Preakness Stakes del 16 de mayo al 3 de octubre y el Belmont Stakes del 6 de junio a junio. 20.

Sin duda alguna, el evento más importante que tenía que haberse celebrado este año era el magno evento deportivo por excelencia: los Juegos Olímpicos de Tokio.

Tras una reunión entre el Comité Olímpico Internacional (COI) y los organizadores nipones, la fiesta mundial del deporte se aplazó finalmente para el año 2021.

La temporada 2020 de las Grandes Ligas se ha acortado por la pandemia de COVID-19. El entrenamiento de primavera se reanudó el 1 de julio, rebautizado como, Campamento de verano. Cada equipo jugará 60 juegos de temporada regular, que comenzaron el 23 de julio y está programado para terminar el 27 de septiembre. Un torneo de postemporada ampliado de 16 equipos está programado para comenzar el 29 de septiembre. La Serie Mundial está programada para comenzar el 23 de octubre; y un posible Juego #7 se jugaría el 31 de octubre.

El Abierto de Francia 2020 es un torneo de tenis de "Grand Slam" que se juega en canchas de arcilla, al aire libre. Se llevará a cabo en el Estadio Roland Garros de París, Francia. Originalmente programado del 24 de mayo al 7 de junio, debido a la pandemia de COVID-19, se trasladó primero al 20 de septiembre al 4 de octubre, luego se trasladó una semana más del 27 de septiembre al 11 de octubre y finalmente se amplió por seis Días adicionales del 21 de septiembre al 11 de octubre, y comprende, juegos individuales, dobles y dobles mixtos.

Después de meses de incertidumbre debido a la pandemia del COVID-19, el Abierto de Estados Unidos de 2020, comenzará el 31 de agosto. Este es solo el segundo gran que tendrá lugar en 2020. Normalmente el Grand Slam de la ciudad de Nueva York es el último del año.

Algunos de los nombres más importantes del deporte faltarán esta vez. Tanto los campeones individuales masculinos como femeninos de 2019, Rafael Nadal y Bianca Andreescu se han retirado del torneo. Roger Federer tampoco estará en el torneo, debido a una cirugía de rodilla.

La temporada 2020 de la NFL será la temporada 101 de la Liga Nacional de Fútbol Americano. A la espera de los desarrollos en la pandemia de COVID-19 en curso, la temporada está programada para comenzar con el primer Juego de la NFL el 10 de septiembre, con el campeón defensor del Super Bowl LIV, Kansas City. Los Chiefs reciben a los Houston Texas ,en una revancha de la Ronda Divisional de la AFC de la temporada anterior.

La temporada concluirá con el Super Bowl LV, el juego de campeonato de la liga el 7 de febrero de 2021 en el Estadio Raymond James en Tampa, Florida.

Después que se reanudaron las actividades deportivas, algunos de los eventos se han celebrado sin fanáticos. El U. S Open de tenis, los juegos de béisbol, los juegos de baloncesto, la liga diamante del atletismo, las carreras de caballos y los eventos de boxeo son algunos de ellos.

En resumidas cuentas, se podría decir que todos los eventos deportivos se están celebrando sin fanáticos. Solamente los atletas, familiares y periodistas están en las gradas. El dinero solo entra a través de los auspiciadores y la televisión.

Hay un deporte que no prohibió los fanáticos en este deporte en particular. Me refiero al Futbol Americano. La temporada por lo general empieza en septiembre y no hubo ningún cambio en el calendario. El problema era, si se permitía la entrada a los fanáticos para ver los partidos. La temporada es de solo 16 fechas y los equipos juegan una vez por semana. Los estadios de futbol pueden albergar entre 60,000 y 70,0000 aficionados. Para decirlo en otras palabras, hay mucho dinero en cuestión. Los directores de la liga no podían ponerse de acuerdo y decidieron que los dueños de equipos tomaran sus propias decisiones en cuanto a los fanáticos. Así lo informo los diferentes medios de comunicación y cito. "La NFL permitió que cada uno de sus 32 equipos y los funcionarios locales de esas organizaciones hicieran las llamadas, sobre si permitir que los fanáticos asistan a los juegos de fútbol americano profesional en medio de la pandemia.

La liga ha establecido protocolos en el campo, en un esfuerzo por mantener a los jugadores y al personal del equipo de la liga a salvo del virus, pero las situaciones en las multitudes de sus 30 estadios están en manos de los locales. Algunos equipos como los Raiders ya han anunciado que no recibirán aficionados en ninguno de sus ocho partidos en casa esta temporada.

Otros como los Cowboys han anunciado planes para permitir que los fanáticos asistan a los juegos en diferentes porcentajes de la capacidad del estadio".

Entre los equipos que van a permitir fanáticos están los campeones de Kansas City. Ellos van a permitir un porciento de fanáticos en el estadio. En la temporada regular de la NFL los Kansas City Chiefs develaron su nueva bandera del Super Bowl, se mantuvieron en un momento de unidad con los Houston Texas y ganaron su primer partido de la temporada sobre los Tejanos, frente a 16,000 fanáticos en el estadio Arrowhead. Los Kansas City Chiefs derrotaron a los Houston de Texas, 34-20.

El Super Bowl LV fue el juego de campeonato de la Liga Nacional de Fútbol Americano (NFL) para la temporada 2020 – 2021 de la NFL. El campeón de la Conferencia Nacional de Fútbol Americano (NFC) Tampa Bay Bucaneros derrotó al campeón de la Conferencia Americana de Fútbol Americano (AFC) Kansas City Chiefs, 31-9. El juego tuvo lugar el 7 de febrero de 2021 en el Estadio Raymond James en Tampa, Florida, el estadio local de los Bucaneros, marcando la primera vez que un equipo jugó un Super Bowl en su estadio local.

Espectáculos artísticos:

Si alguna industria se ha perjudicado con el problema de la pandemia, fue la industria de los espectáculos artísticos; me refiero a cantantes, a los que trabajan en obras de teatro y también el cine. En mi opinión los más perjudicados son los cantantes. Todos los espectáculos fueron suspendidos cuando empezó la pandemia. Ningún artista podía trabajar.

El ingreso principal de los artistas es, el espectáculo que, ellos montan cuando visitan las diferentes ciudades y países; en otras palabras, los conciertos.

Según, Wikipedia, la enciclopedia libre: "La pandemia de COVID-19 tuvo un impacto repentino y sustancial en el sector de las artes y el patrimonio cultural.

La crisis sanitaria mundial y la incertidumbre resultante de ella afectaron profundamente las operaciones de las organizaciones, así como a las personas, tanto empleadas, como independientes, en todo el sector. Las organizaciones del sector de las artes y la cultura intentaron mantener su misión (a menudo financiada con fondos públicos) de proporcionar acceso al patrimonio cultural a la comunidad.

Para marzo de 2020, la mayoría de las instituciones culturales de todo el mundo estaban cerradas indefinidamente (o al menos con sus servicios restringidos radicalmente) y las exposiciones, eventos y actuaciones en persona, se cancelaron o pospusieron. En respuesta, se realizaron intensos esfuerzos para brindar servicios adicionales o alternativos, a través de plataformas digitales.

Muchas personas en todo el sector perdieron contratos o empleos, de forma temporal o permanente, con diversos grados de advertencia y asistencia financiera disponible. Del mismo modo, el estímulo financiero de los gobiernos y las organizaciones benéficas para los artistas, proporcionaría niveles de apoyo muy diferentes según el sector y el país.

Se espera que la demanda pública de actividades culturales en persona, regresara, pero en un momento desconocido y diferentes tipos de experiencias serían populares".

Los artistas tenían que reinventarse; y quien mejor que los artistas para hacerlo. Todos los grandes nombres de artista anunciaron conciertos virtuales. La mayoría de ellos gratis, para todo el mundo.

Esto fue una nueva oportunidad para todas las partes. Los auspiciadores podían auspiciar sus artistas favoritos, a través de las diferentes formas digitales. Pienso que todo no es dulzura en este renglón. Los artistas y bandas famosas seguirían recibiendo dinero, pero los que no son tan famosos, se quedarían sin trabajo y sin remuneración.

Tengo que decir que este sector también se reinvento. Como decía mi madre, la solución era "sembrar para cosechar en el futuro". En otras palabras, dar sus conciertos de gratis a través de las diferentes plataformas digitales, sin devengar dinero. La pregunta es, ¿Cómo van a recibir dinero haciendo esto? Algunos artistas lo han hecho para la promoción personal. Esta es una manera de darse a conocer a las personas que no los conocen, y a lo que los conocen, que no los olviden.

Muchos artistas han hecho eso. Tienen sus programas por Facebook o YouTuve. De esa manera se dan a conocer en muchos países. Otros se han conseguido algunos auspiciadores que los ayudan monetariamente y ellos les dan promoción a sus productos. Otros están pidiendo donaciones para sufragar los gastos. Todos estos métodos son aceptables.

Lo más importante que veo es que, las personas en sus casas, disfrutan de sus artistas favoritos sin moverse de sus hogares y a la misma vez se comunican con ellos a través del Internet. Todo el mundo gana, los artistas y los que los siguen.

Yo creo que este acontecimiento es una de las cosas positiva del montón de problemas que han surgido con la pandemia y el GOVID 19. Estamos viviendo tiempos memorables que indudablemente pasaran a la historia, no solo de nuestras vidas, sino también de la humanidad completa. Lo que yo no sé, es que si somos afortunados en vivir estos momentos o no.

La respuesta a esta pregunta es bien personal y solamente la puede contestar, el que se la hace. Lo único que le digo es que no hay respuesta errónea. No importa la contestación, siempre será la correcta. Todo está en la manera que uno vea, las cosas que pasan en la vida. Algunas personas dicen que el vaso de agua, está medio vacío y otras personas dicen que el vaso, está medio lleno. ¿Como usted lo ve?

La Familia:

        La realidad más triste de esta pandemia es la relación familiar. Usualmente la familia es mucho más que las personas que viven bajo el mismo techo.

        Están las parejas casadas que forman su hogar y dejan atrás a sus padres y hermanos. Estas personas se van, pero visitan a sus padres todas las semanas, si viven cerca de ellos. Hay otras personas que se casan y viven lejos de sus padres por causa de trabajo o porque quieren vivir cerca de otros familiares. Estoy seguro que hay otras razone, pero creo que estas que he mencionado son las más comunes. Para darles un ejemplo de esto les voy a hablar de mi hijo. Él se fue a estudiar al estado de Washington. Después que terminó de estudiar, fue a trabajar a Oregón y luego en diferentes estados de la Unión Americana. Nunca más regreso a nuestro hogar.

Ese peregrinar en busca de mejores oportunidades de trabajo, terminó en el mismo estado que empezó. Allí se casó y formó un hogar nuevo. Luego les hablaré un poquito más de nuestra relación, después que empezó la pandemia.

Primero quiero hablar de algo más importante y a la misma vez más doloroso. Les estoy hablando de cuando en un pestañar de ojo, le cambia la vida a una familia. Creo que la realidad más dolorosa de la pandemia es, cuando alguien en la familia tiene que aislarse porque sale positivo en la prueba, del GOVID 19.

Hay infinidades de historias de parejas que tienen que separase porque uno de ellos se infecta con el virus y lo más doloroso de todo es que, en muchos casos la persona infectada, muere aislada y sin sus más queridos familiares. Esos son, esposa o esposo y los retoños. En algunos casos he leído de matrimonios que han vivido por muchos años y la pandemia los separó para siempre.

La separación de los seres queridos no es solamente porque uno de ellos se infecta con el virus y tiene que aislarse. Yo tengo una amiga que, a finales del año 2019, estaba esperando un bebé. Sus padres vinieron con mucho esfuerzo desde Sur América, para estar con ella. El bebé nació en noviembre y los padres de mi amiga, decidieron quedarse unos meses para ayudar a la nueva madre. Llegó el mes de febrero; el padre de ella se fue a su casa y la madre se quedó para ayudarla unos meses más.

Llegó la pandemia y los países cerraron fronteras. La madre de mi amiga, se tuvo que quedar con su hija y su esposo se quedó solo, en Sur América.

Con la espereza de que se pueda viajar otra vez, la madre de mi amiga, todavía está esperando para viajar a su país. Este es un caso triste, para el padre de mi amiga porque él está solo en su casa y no tiene muchos conocimientos de cocina.

El caso de mi amiga, me hizo reflexionar sobre la separación de los familiares. Me di cuenta que no es lo mismo perder la comunicación de un familiar que vive con uno, que perder la comunicación de un familiar que uno ve cada seis meses o una vez al año.

Mi hijo no vive conmigo, pero lo veo una o dos veces al año. La pandemia terminó por el momento, las reuniones con él y su familia. Es triste pensar que no lo voy a ver este año, pero uno se conforma pensando en el año entrante. El caso de los padres de mi amiga es muy diferente y más doloroso. Los padres de ella vivían juntos hasta que llegó la pandemia. Estoy seguro que esta señora, piensa todos los días en su esposo y el esposo hace lo mismo. Una situación doloras para ellos que, pocas personas pueden comprenden.

Yo he sabido de casos que, la persona se acuartela en su casa para no ir a una cuarentena en otro lugar. También tengo que decir que en casos como el que he dicho, termina toda la familia que está alrededor de esta persona, contagiada. Este riesgo lo pueden tomar familias jóvenes, pero no creo que una pareja en sus años de retiro, pueda hacer lo mismo sin consecuencias fatales. También es un riesgo grande para las familias que tengan hijos pequeños.

Con mucha pena y sentimiento he visto en los medios de comunicación muchas parejas que se han sido separadas por el cierre de fronteras y muchas por la infección del virus. Aquí le doy unos ejemplos.

CBC News informó el 7 de septiembre del 2020 y cito: "Cuando Kiera Norris viajó a China para un viaje anual en enero, no esperaba quedarse varada allí con su esposo todavía en Canadá, durante nueve meses debido a la pandemia de COVID-19.

Cada tres semanas durante meses, Kiera Norris hacía sus muchas maletas. Subía a un tren al Aeropuerto Internacional de Pekín y esperaba; a pesar de que el COVID-19 había cancelado la mayoría de los vuelos. No podía abordar un avión que la llevara a su hogar.

Pero una y otra vez su vuelo fue cancelado, lo que significó esperar aún más hasta que pudiera ir a casa con su esposo en Windsor, Ontario. Kiera y Kevin Norris estuvieron separados durante nueve meses, debido a las restricciones de viaje del COVID-19. Se reunieron por primera vez el domingo en el Aeropuerto Internacional Pearson de Toronto. (Robert Krbavac / CBC)".

Tricity News informó acerca de otro triste caso en septiembre 6,2020 por Diane Strandberg / Noticias de Tri-City; y cito:

"Separada por COVID-19, una pareja de Coquitlam celebra 70 años de aniversario. Bill y Mary Bell nunca se habían separado en las décadas que llevan casados, pero el COVID-19 significa que, tienen que sentarse a dos metros de distancia y no pueden tocarse ni siquiera mientras celebran su aniversario.

Bill y Mary Bell celebraron su aniversario # 70, con estrictos protocolos por el COVID-19, ya que ella está en Dufferin Care Center y él vive de forma independiente en casa. La familia de la pareja de Coquitlam se saludó a través de una ventana desde afuera. Bill espera entrar pronto para una visita.

El COVID-19 mantiene separadas a muchas parejas de ancianos, pero Bill Bell no permitirá que algo como un virus mortal, le impida ver a Mary; su esposa durante 70 años. Nunca han estado separados en las décadas que han estado juntos, desde que se casaron el 6 de septiembre de 1950 en Escocia, pero el COVID-19 está pasando factura, particularmente en los ancianos y en los hogares de ancianos, Bell, de 94 años, debe tomar precauciones adicionales para visitar su esposa en una residencia de ancianos de Coquitlam, Canadá. Así que el viernes se puso una mascarilla, le tomaron la temperatura, se sentó a dos metros de distancia de su compañera de vida en el Centro de Atención Dufferin.

Durante todo ese tiempo Bell se preocupó por su esposa, quien a los 90 años tiene demencia y usa una silla de ruedas. "La última vez que mi papá la tomó de la mano fue el 12 de marzo. Luego ocurrió el COVID y se desató el infierno", recuerda su hijo Gary".

Escenas como esta se repiten todos los días y en todas partes del mundo, en este extraordinario tiempo que estamos viviendo.

En el New York times de septiembre 10 del 2020 se informó lo siguiente y cito. "BANGKOK - Ralph Santillán, un marinero mercante de Filipinas, no ha tenido licencia en tierra en medio año.

Han pasado 18 meses desde que se presentó a trabajar en su barco, que transporta maíz, cebada y otros productos básicos en todo el mundo. Ha pasado aún más tiempo desde que vio a su esposa e hijo.

"No hay nada que pueda hacer", dijo Santillán a fines del mes pasado desde su barco, un granelero de 965 pies, frente a Corea del Sur. "Tengo que dejarle a Dios, lo que pueda pasar aquí". Se suponía que su tiempo en el barco, donde pasa largos días quitando óxido de la cubierta o limpiando bodegas de carga, terminara en febrero, después de una temporada de 11 meses, la duración máxima para un contrato de marinero. Pero la pandemia de Covid-19, llevó a los países a comenzar a cerrar fronteras y a negarse a permitir que los marineros desembarcaran.

Para los buques de carga de todo el mundo, el proceso conocido como cambio de tripulación, en el que marineros como Santillán son reemplazados, por otros nuevos a medida que expiran sus contratos, ha sido interrumpido.

El mes pasado, la Federación Internacional de Trabajadores del Transporte, un sindicato de gente de mar, calculó que 300,000 de los 1,2 millones de tripulantes en el mar estaban esencialmente varados en sus barcos, trabajando más allá del vencimiento de sus contratos originales y luchando contra el aislamiento, la incertidumbre y la fatiga. Algunos miembros de la tripulación han comenzado a negarse a trabajar, lo que obliga a los barcos a permanecer en el puerto. Muchos en la industria del transporte marítimo, temen que el estrés y el cansancio provoquen accidentes, quizás desastrosos".

Mi hijo que vive con su esposa e hijo, están separados de nosotros y sin esperanza de poderlos ver este año. Hasta ahora lo más que me preocupa no es el que no nos podemos ver, hay muchas otras preocupaciones que ronda mi mente. Como dije anteriormente las redes sociales hacen posible que, podamos verlos todas las semanas. Mi esposa es la más preocupada, pues quiere mucho a nuestro nieto de siete años. Muchas veces en el trajín del día oigo a mi esposa hablando por teléfono y riendo, y con gran sorpresa y alegría me entero después que, era nuestro nieto que la estaba llamado. Creo que el cariño y el amor, es mutuo.

Algunas veces uno piensa que tiene problemas, pero hay muchos que desearían estar en nuestros zapatos. El aislamiento que mi esposa y yo tenemos y la pena de no poder ver a nuestro hijo y familia, no es nada comparado con los casos que les he contado.

El diario vivir nos dice que, no hay nada escrito. El día comienza y en nuestro pensamiento solo hay las preocupaciones que nos dejó el día anterior. Es imposible pensar en lo que viene adelante. La noticia de la mañana no tiene que ser la misma de la tarde.

Cuando me mudó a Kansas City en Missouri mi preocupación en la mañana era beberme una taza de café y salir al trabajo. Trabajé en una escuela en Kansas City y luego en el pueblo de Excelsior Springs; la escuela tiene el mismo nombre.

Los años en Missouri transcurrieron y las preocupaciones mías era, terminar mi maestría en educación y trabajar. Cuando terminé de estudiar fue que me trasladé a Excelsior Spring.

Quizás cansado por la rutina diaria, mi esposa y yo decidimos trasladarnos a Georgia. Georgia es un estado muy diferente a Missouri, pero poco a poco nos fuimos acostumbrando y los problemas de la escuela nos hicieron olvidar a Kansas City.

Con el tiempo me di cuenta que todo en la vida se hace rutinario. No importa que tan importante sea tu trabajo o que insignificante tú creas que es, llega el momento que se hace una rutina. Creo que todas las posiciones en un trabajo son importantes. Lo que las hace diferente, es el dinero que devengamos por lo que hacemos. Siempre he dicho que el que gana más dinero, es el que menos hace. Si estoy en lo correcto, para estas personas, es más fácil llegar a la conclusión de que su trabajo es rutinario; pero ese es tema para otro día.

Cuando uno es profesor de escuela no hay mucho tiempo para pensar que, el trabajo se hace rutinario; todos los días es una clase diferente. Los principales y estudiante nos traen preocupaciones nuevas todos los días. Con todo y con eso, llegué a pensar que mi trabajo era rutinario. Solo con ojear el libro de testo podía hacer la lección del día. Esperaba las vacaciones de verano y lo único que les tengo que decir es que, todos los años las vacaciones se hacían más cortas. En un pestañar de ojo, ya estaba en la escuela oyendo al principal diciendo que, había trabajado todo el verano para que nosotros tuviéramos un principio de clases mejor. Cuando empezaba a decir lo que había hecho, lo único que se oía era, las nuevas cosas que los maestros teníamos que hacer.

El tiempo pasó y ahora que no tengo que ir a la escuela, lo que encontré fue que, la vida mía también era rutinaria. Un día me puse a pensar en todo esto y no lo podía creer, ya sin pensarlo sabía lo que iba a hacer en el día. Tenía que hacer algo para romper la rutina, pero siempre me encontraba haciendo lo mismo. Empecé a ir al gimnasio, casi todos los días. Salía del gimnasio y me diría a mi casa, tomaba un baño y usaba la computadora. Tenía que hacer algo más, pero ¿qué? Empecé a trabajar en carpintería. Esa actividad me tomaba parte de mi tiempo, Trabajaba un día y al otro día iba al gimnasio.

Con la llegada de la pandemia, la vida de todo el mundo cambio. Los gimnasios los cerraron, las citas médicas se cancelaron, las iglesias cerraron y no se podía visitar a los amigos.

Muchos de los establecimientos que uno frecuentaba fueron cerrados o las reglas de todos ellos, cambiaron. La rutina se rompió, por el momento, pero rápido caímos en otra rutina, muy difícil de romper. La verdad es que, yo tenía que reinventarme de nuevo. Siempre escribía, pero la página Web que tenía, la cerré.

Aunque empecé a escribir más frecuente y siempre hacia mis pequeños trabajos de carpintería, necesitaba algo más para romper la monotonía de la rutina. En ese momento fue que empecé a trabajar más en el jardín de mi casa y cambié toda la parte de afuera de mi propiedad. En ese momento tenía más quehaceres para poder romper la rutina, aunque siempre extrañaba el gimnasio.

Así que compré un treadmill para esos momentos en que no trabajaba en el patio, ni tampoco trabajaba en carpintería. Cuando escribo, como en estos momentos lo hago hasta la una de la tarde y luego hago como una hora y media de ejercicios. Esa es mi rutina diaria ahora, en esta pandemia.

Me tomo el trabajo de escribir todo esto, para decirles que uno siempre se puede reinventar. No tenemos que pasar por la penosa experiencia de estar cansado de la rutina diaria. Hay que cambiar el diario vivir de todos los días, con diferentes actividades en la semana.

Hay otras actividades que no he mencionado y las tenemos que hacer todos los días, pero no podemos cambiarlas. Por lo menos no las podemos cambiar ahora. Por eso es necesario encontrar otras actividades para recompensar por las que no podemos hacer.

El comer es una de estas actividades que no podemos cambiar. Tenemos que sentarnos a la mesa todos los días, para alimentarnos. Algunas veces para romper esa rutina, mi esposa y yo nos íbamos a un restaurante, podíamos salir de la casa y a la misma vez teníamos la oportunidad de satisfacer las necesidades alimenticias. Con la pandemia muchas personas dejaron de ir a los restaurantes. Muchos restaurantes no permiten a las personas entrar a los establecimientos; solo vende sus comestibles para llevarlos a sus casas.

Otros establecimientos comerciales siguieron ofreciendo sus servicios, pero con la incomodidad de tener que usar máscaras. Ese detalle, hace las visitas a estos lugares, no tan placentero como antes.

El ir a los centros comerciales, los supermercados, los centros religiosos, los parques son algunos ejemplos de otros lugares que podemos ir y no usar mascara si no queremos. Siempre podemos dejar de usar las máscaras, pero el riesgo es muy grande y por mi parte diré que, es algo que no quiero experimentarlo. Por eso, personas como yo prefieren quedarse en las casas. En nuestras casas no tenemos que usar máscaras y estamos mucho más cómodos.

Muchas personas quisieran visitar a sus amigos, pero antes de hacerlo hay que ver si esos amigos están de acuerdo, en recibir la visita. Si no preguntamos, estaríamos invadiendo su privacidad. Adema tengo que decir que el riesgo de visitar los amigos, sería doble. En primer lugar, tenemos el riesgo, de contagiarnos y segundo, el riesgo de que nosotros, los contagiarlos a ellos. Si esto pasare, y yo me contagiara, lo primero que voy a pensar es que mis amigos fueron los culpables. Si son mis amigos los que se contagian, ellos van a pensar que yo los contagié a ellos. En cualquiera de los dos casos, la amistad tiene un alto porcentaje de terminar. Así que el riesgo es doble, y a eso le seguiría, una secuela de arrepentimiento que puede durar por muchos años o por toda la vida. Como decía mi madre: "es mejor precaver que tener que remediar". Todos sabemos que la vida es corta, bueno al menos yo lo sé; pero vuelvo y repito, es mejor perder un año en la vida, que la vida en un año. La precaución es necesaria, especialmente en estos momentos que estamos viviendo.

Es muy fácil pensar que no vale la pena vivir la vida en esta situación. Si eso pasa, podemos perder la motivación de vivir. Para no perderla hay que reinventarse. Hemos perdidos muchas actividades en este año, actividades que pensábamos eran parte innegable de nosotros, para toda la vida. Actividades que nos hacían olvidar el trajín de la vida diaria. Lo único que esperamos es que esta situación sea por el momento y no para toda la vida. Hay que olvidarse de lo que hemos perdido y buscar otras actividades que, aunque no sea lo mismo, recompensen por el momento.

Todas estas actividades que he recomendado son buenas, pero ninguna como la de compartir con nuestras parejas. La situación que estamos viviendo nos ha obligado a compartir más de lo que lo compartíamos con nuestras parejas; esa pareja, que en mi lugar es mi esposa. Por esta razón es tan importante buscar el modo de compartir con ella. Yo creo que la forma más adecuada es compartir los quehaceres de la casa. Quehaceres que los hombres pensamos son obligaciones de las amas de casa; mejor dicho, casi todos los hombres. Estoy generalizando porque creo que hay muchas personas que creen lo contrario. Estas personas son un género completo, me refiero a las mujeres. Por esa razón yo siempre he tratado de compartir los afanes de la casa. No me estoy refiriendo a cortar la grama o arreglar el garaje. Estas dos cosas siempre la he hecho, hay que también ayudar en los quehaceres; dentro de la casa.

Quiero hablar de todo esto porque creo que todo hombre debe hacerlo. Hay que compartir todos los días estos quehaceres que nunca termina. A continuación, les hablo de lo que yo hago para ayudar y creo que todos los hombres deben de hacerlo para ayudar a sus esposas; que hay que decir que trabajan más que los hombres.

La mayoría de las mujeres, trabajas fuera de la casa y también dentro, sin días de fiesta u horario fijo. Una vez vi un comercial de una medicina para el catarro común, que presenta a una madre con un bebé de alrededor de un año. Ella que visiblemente estaba enferma, abre la puerta del cuarto de bebé y le dice: "Creo que hoy, voy a tomar el día libre; me siento enferma y tengo que acostarme todo el día". El bebé la mira sin comprender lo que está pasando. Esta es una escena que nunca veremos en nuestros hogares. Ese es un trabajo en el que, todas las madres tienen asistencia perfecta. Nunca se puede faltar.

Por esta y muchas razones, tenemos que compartir los quehaceres de la casa. La vida será más llevadera para todo el mundo en el hogar; principalmente es esto momentos. Aunque yo no hago todo en mi casa, comparto la hora de la comida y muchas veces la preparación. No, no se crean que es un chiste, es la verdad.

Si hay que picar un pollo para hacer la cena, yo lo pico. La preparación de la comida es de mi esposa, pero en algunas cosas, yo la ayudo. Nuestra cultura disfruta mucho del arroz con habichuelas en la cena. Cuando se hace arroz en mi casa yo soy el que lo saco del cardero o de la arrocera.

También nuestra cultura disfruta muchos de los plátanos. Nosotros tenemos lo que se llaman, tostones y yo soy el experto en hacerlos. Así que cuando hay que hacer tostones, principalmente con pastas, como lasaña o espaguetis, yo soy el que estoy en frente del sartén. Aunque no les puedo negar que me he quemado infinidades de veces.

Mi esposa usa muchos condimentos en la cocina, pero una cosa mala que tiene es que, usa algo y no lo pone en su sitio rápido. Cuando terminamos de comer, yo soy el que recoge todo lo que está mal puesto y lo pongo en su lugar y antes que ella se percate, me voy a lavarme los dientes, para no tener que fregar los trastes. La verdad es que esto de fregar los traste es una buena tarea, para el hombre que no hace nada más.

Los domingos, yo soy el que hago el desayuno. Creo que es una manera de saber que, es domingo. Verdaderamente el día parece domingo, cuando yo hago el desayuno. Los sábados me toca pasar la aspiradora de polvo, en toda la casa. Esta es una actividad que es un poco difícil, porque hay que limpiar las escaleras, y es bien incomodo hacerlo. Por esa razón yo me encargo de hacerlo. Si el sábado estoy trabajando en el patio de la casa y cuando termino estoy muy cansado, lo dejo para el domingo.

El botar la basura es la actividad favorita de todos los hombres en el hogar. Cuando alguien les pregunta si hacen algo en la casa, ellos se llenan la boca diciendo: "en mi casa, yo boto la basura". Pido perdón a los que dicen eso. Este es un chiste para las amas de casa.

Volviendo a los quehaceres, yo soy el que vota la basura en mi casa. Es una tarea que hay que hacerla todos los días. Un día a la semana hay que sacar el conteiner de la basura, afuera de la casa; el día que el camión de la basura pasa.

Hay muchas otras cosas que yo hago en mi casa, pero no son cosas del diario. Algunas de esas cosas son cambiar bombillas, cambiar baterías de los detestares de humo o cualquier otra cosa que haya que arreglar. Cuando se daña algo en mi casa, yo lo sé, inmediatamente, en vez de mi esposa buscar el teléfono de alguna compañía, para que venga a repararlo, lo único que se oye en mi cosa es, un grito de mi esposa diciendo: "nene ven acá rápido". Cuando yo oigo esto, ya yo sé, que algo se rompió.

Este capítulo que he escrito es muy importante que lo lean los esposos, para que sepan cómo ayudar en la casa. Cuando volvamos a vivir la vida normal, ellos tendrán otros quehaceres que hacer y otros temas para hablar con sus amigos. La vida será más placentera, cuando hablemos de todo esto.

Los vecinos:

Siempre he pensado que en todos los lugares en que he vivido, las personas son las mismas. Quiero decir que nadie puede decir donde están, solo con mirar los rostros de las personas. He vivido en algunas ciudades de los Estados Unidos y he visitados muchas más. Mas, sin embargo, si me vendan los ojos y me llevan a una de esas ciudades, no podría decir, en cual estoy solo con mirar las caras de las personas.

Tengo que decir que hay una excepción, porque siempre hay una excepción a las reglas.
Esta excepción en mi caso es la ciudad de Miami.

Cuando hablo del vecindario y la relación con los vecinos, entonces estoy hablando de diferentes temas. Cuando vivía mis años de niñez y en el vecindario que pasé la mayor parte de ellos, los vecinos eran como amigos cercanos, para mis padres; yo diría casi familia.

Todo lo que pasaba en el barrio lo sabía toda la vecindad; así también se comportaban los niños. Todos los hijos de mis vecinos eran mis amigos y nos veíamos en todos los lugares de la comunidad; sitios como el parque de pelota, la cancha de baloncesto, la escuela y hasta la iglesia, eran lugares en que todos íbamos siempre y compartíamos juntos. Si había un bautismo o alguna fiesta, todos los vecinos estaban invitados.

Cuando me casé y me fui a vivir a otra ciudad, encontré algo similar pero no exactamente igual. Los vecinos se llevaban muy bien y muchas veces compartimos en actividades de la comunidad. Esta vez mi esposa y yo lo hacíamos en diferentes capacidades, la capacidad de padres de familia. Se podría decir que todo el mundo en la calle en donde yo vivía, se conocía.

Cuando me mudé a la ciudad de Kansas City en Missouri, todo cambio, quizás porque es una cultura un poco diferente a la mía y por lo tanto las personas se comportaban de una manera diferente. Todo el mundo se saludaba, las caras parecían las mismas, pero todos tenían sus propios intereses y preocupaciones. Siempre había personas conocidas, pero ahí se quedaba todo. Las personas en la iglesia, el trabajo y la ida al supermercado eran lugares en que los rostros eran iguales pero su comportamiento era diferente.

Aquí donde vivo ahora, es más o menos lo mismo. En este sector que, hace solo cuatro años que vivo, y es una comunidad pequeña. En mi opinión todo el mundo tiene sus preocupaciones de trabajo y la preocupación de la escuela de los niños, pero siempre se preocupan de saludar a las personas que, viven al lado o al frente de sus hogares.

Cuando empezó la pandemia noté que mis vecinos mostraron un poco más empatía hacia mi persona y supongo que también al resto de las personas de la comunidad. Cuando veía a los vecinos del frente y a la señora que vive al lado de mi casa, empezaron a saludarme con más frecuencia.

Un día al empezar la pandemia, uno de los vecinos que vive al frente de mi casa, me saludo y me dijo desde su casa que, si necesitaba algo, que se lo hiciera saber. Yo le dije lo mismo y se lo agradecí. Yo no necesitaba nada, pero el gesto de confraternidad me conforto mucho.

La pandemia nos ha traído muchos problemas, pero creo que una cosa buena que nos trajo, fue el sentido de responsabilidad y de empatía que, hemos adquiridos hacia nuestros vecinos.

No creo que podamos volver a los tiempos de antaño en que las comunidades compartían mucho más; pero debemos de estar más alerta de lo que pasa alrededor de nosotros; preguntar si vemos algo fuera de lo normal y saber si algo está pasando con nuestros vecinos. Esta es una responsabilidad moral que todos tenemos; especialmente si nuestros vecinos no son como nosotros. Cuando digo esto, me estoy refiriendo a edad, religión, raza, o lenguaje. En la comunidad somos vecinos y nada más que vecinos, no importa ninguna otra cosa. Extraordinarios eventos como la pandemia son buenos motivos para acercarnos a las personas que viven cerca de nosotros en nuestra comunidad. Lo único que hay que hacer es, dar es un paso adelante, saludar y preguntar ¿Cómo ha estado, en estos días?

Lo bueno, malo e incierto de la pandemia:

Lo bueno:

Aunque no lo crean, hay muchas cosas buenas de este problema que estamos sufriendo. En el transcurso de lo que he escrito he mencionado algunas esas cosas buenas, pero quisiera hacer hincapiés en lo dicho y hablar un poco de lo no he mencionado.

Primeramente, una de las cosas buena de todo esto es la confraternidad que muchas personas han experimentado hacia su familia, amigos y también hacia las personas que encontramos en nuestro camino. Esta tragedia ha sido una oportunidad para compartir más con la familia y con los amigos, aunque sea atravesó de las redes sociales. También nos ha dado la oportunidad para ser más cordial y respetuoso con las personas que encontramos en los lugares que visitamos; lugares como, los supermercados, hospitales y oficinas del gobierno.

Ha habido un cambio en la manera que muchas personas usan, como oficina de trabajo. Para muchas personas la nueva oficina es su casa. Esto quiere decir que estarán más tiempo con sus hijos pequeños y con sus esposas. Una buena oportunidad para ayudar en los quehaceres de la casa. Para las mujeres una oportunidad para ayudar a sus hijos en las tareas escolares.

Las personas que no usaban las redes sociales se han visto obligados a usarlas, por lo tanto, han aprendido y ya no tienen tanto miedo a lo desconocido. Familias que nunca se comunicaban, se han comunicado de nuevo a través de las redes sociales, para saber cómo están sus familiares. También a través de las redes sociales, hemos tenido la oportunidad de ver un sinnúmero de concierto de nuestros artistas favoritos y hemos conocidos muchos que, no los conocíamos. Para los artistas ha sido una buena oportunidad para darse a conocer, por las personas que no los conocían y para nosotros aprender un poco más de ellos. Sin duda una promoción menos costosa que, los artistas están usando con más frecuencias. En muchas comunidades los vecinos han compartido más de lo acostumbrado y se han dado a conocer por los otros vecinos. Esto nos da una comunidad más segura.

Lo malo:

Creo que lo malo de la pandemia es lo más que recordamos. Es innegable que cuando hablemos de la pandemia en el futuro, lo primero que recordaremos es lo malo. La pandemia nos ha dejado un sinnúmero de muertes que parece no tener fin.

Con más de 600,000 muertes en los Estados Unidos de Norte América y aumentando todos los días, es un motivo para recordar los estragos del GOVID 19. Hay tantas muertes por la pandemia que no podemos mencionarlos a todos. Todos mereces mención y respeto, pero solo puedo mencionar algunos. Algunos de ellos que la prense informó que perdieron la pelea con el virus; son y cito.

'Herman Cain, el ex director ejecutivo de Godfather's Pizza que, buscó la nominación republicana a la presidencia en 2012, murió el 30 de julio por complicaciones del coronavirus. Tenía 74 años. Fue hospitalizado en Atlanta, pocos días después de asistir a un mitin de campaña de Donald Trump en Tulsa, Oklahoma, donde fue visto sin máscara.

Trini López, el cantante de "If I Had a Hammer" y actor de "The Dirty Dozen", murió el 11 de agosto por el COVID-19. Tenía 83 años.

Tom Seaver, lanzador de béisbol del Salón de la Fama, murió el 31 de agosto mientras dormía por complicaciones de la demencia con cuerpos de Lewy y el COVID-19.

Nick Cordero, el actor de Broadway que apareció en musicales populares como "Waitress" y "A Bronx Tale" e inspiró al mundo con su lucha de meses contra el coronavirus, ha fallecido, dijo su esposa, Amanda Kloots. Tenía 41 años.

La leyenda del jazz Giuseppi Logan, un ícono del movimiento de free jazz de Nueva York en la década de 1960, murió a causa del coronavirus el 17 de abril.

Tenía 84 años y murió en el Lawrence Care Center en Far Rockaway".

Por último, les quiero hablar de una pareja que no es famosa pero que para mí representa a todas las personas que han muerto por la pandemia. Personas que no puedo mencionar por razones obvias, aunque quisiera hacerlo.

El 12 de septiembre en la prensa escrita, salió una historia escrita por Gabrielle Chung, proporcionado por People Summersett Funeral Home. La historia dice como sigue y cito "Pareja casada muere de coronavirus con 4 minutos de diferencia, tomados de la mano por última vez: Johnny Lee Peoples, de 67 años, y su esposa Cathy Darlene Peoples, de 65 años, murieron de COVID-19 el 2 de septiembre en el Centro Médico Regional Novant Health Rowan en Salisbury, según su obituario conjunto.

La pareja había estado luchando contra el coronavirus durante 30 días, cuando los colocaron juntos en una habitación, para un último adiós, dijo su hijo sobreviviente, Shane Peoples."Todo salió mal, todo empeoró", dijo a WBTV". Al día siguiente [el personal médico] los puso en la misma habitación, la misma habitación de la UCI. Juntaron las manos, las enfermeras se reunieron y ellos murieron, con cuatro minutos de diferencia". "Estuvieron casados 48 años, han estado juntos 50, caminaron de la mano durante esos 50 años", dijo Shane sobre sus padres. Ambos nativos de Carolina del Norte, Johnny era sargento en el Ejército de los Estados Unidos y trabajaba para el Departamento de Correcciones de Carolina del Norte. Cathy trabajó como asistente de maestra en la Academia de Salisbury.

Que descansen en paz, los que he mencionado y todos los que no he podido recordar. Todos tienen mis respetos.

Lo incierto:

Lo incierto del problema de la pandemia, es el futuro. Todo el mundo está tratando de mirar hacia adelante, buscando una solución al problema. La solución que todos tenemos en nuestras mentes es la vacuna. Los científicos que están trabajando con una posible vacuna son muchos, pero todos tienen esperanza en que pronto tendremos una disponible. Lo que hasta ahora ha sido difícil de encontrar el método de administrar la vacuna a tantos millones de personas en el mundo. Aquí es que podemos ver que este es un problema de todo el mundo. No vale de nada si los Estados unido vacunas a sus residentes y el resto del mundo se queda sin vacunar.

Si queremos erradicar la enfermedad, hay que vacunar a la población mundial. Aquí les voy a decir, lo que los expertos y las personas que están trabajando en este problema, nos dicen. Según CMBC Y cito. "Bill Gates dice: 'La próxima gran pregunta' es cómo distribuir las vacunas contra el coronavirus, a las personas necesitadas. Bill Gates habló sobre la necesidad de distribuir las vacunas contra el coronavirus de manera más equitativa, una vez que estén disponibles. Un nuevo informe de la fundación de Gates cita un modelo de la Northeastern University, que predice que el doble de personas podría morir de Covid-19, si los países más ricos acumulan las primeras 2 mil millones de dosis de vacunas en lugar de distribuirlas equitativamente.

Proporcionado por CNBC, Bill Gates expresó su confianza en que una vacuna contra el coronavirus estará disponible para el 2021. Pero le sigue preocupando que, las dosis no estén disponibles para los grupos de menores ingresos, particularmente en los países menos desarrollados".

Lo más incierto de todo esto es que, tenemos muchos llamados expertos y todos dicen algo diferente acerca de, cuándo tendremos una vacuna para el GOVID 19 que funcione. El gobierno, los científicos y los filántropos, todos hablan de los mismos temas con fechas diferentes de cuándo tendremos un remedio efectivo.

ABC News informó Y cito." La Organización Mundial de la Salud anuncia un plan de distribución para la vacuna COVID-19. a medida que se acerca la posibilidad de una vacuna del COVID-19.

Las limitaciones iniciales en el suministro han hecho que los expertos de todo el mundo se pregunten: ¿Quién recibirá la vacuna primero?

La Organización Mundial de la Salud y su Grupo de asesor estratégico de expertos en Inmunización, o SAGE, han publicado un plan de distribución mundial de vacunas: La organización rechaza el llamado nacionalismo de las vacunas, la idea de que cada país debe priorizar a sus propios ciudadanos.

La OMS promociona un enfoque global, dando prioridad a la vacunación entre las personas más vulnerables de todo el mundo.

El marco de distribución de vacunas propuesto por la OMS, garantiza el acceso de todos los países a la nueva vacuna contra el coronavirus, una vez que esté disponible.

Setenta y ocho países de los más ricos han respaldado el programa, y Alemania, Japón, Noruega y la Comisión Europea, expresaron esta semana su interés en participar en la instalación COVAX como países autofinanciados.

Hasta el momento, un total de 170 naciones tienen la intención de participar en COVAX, lo que representa aproximadamente el 70% de la población mundial. Estados Unidos no está entre ellos.

En comparación, la semana pasada un comité que asesora a los Centros para el Control y la Prevención de Enfermedades en los Estados Unidos, propuso cuatro fases secuenciales de priorización de vacunas, dentro de EE. UU; comenzando con los trabajadores de atención médica de alto riesgo. Las personas con afecciones médicas graves y las personas mayores que viven en instalaciones abarrotadas seguirían. Las pautas de la OMS no incluyen el orden en el que ciertos grupos recibirían la vacuna. El plan destaca a ciertos grupos vulnerables como una prioridad más alta para el impacto global, con cierta flexibilidad basada en las necesidades únicas de cada país. Cito lo dicho "Específicamente no dijimos qué grupos debían priorizarse primero, segundo y tercero. Eso vendrá más tarde, no mucho a partir de ahora, pero eso vendrá después", continuó Faden, quien ayudó a redactar el marco, pero no representa a la agencia internacional".

Los patrones de transmisión local, la cantidad general de suministros de vacunas y la infraestructura de una nación, influirán en las tácticas de distribución, agregó Faden. Es probable que esto cambie entre ahora y cuando se apruebe una vacuna, por lo que a medida que haya más información disponible, el grupo SAGE comenzará a priorizar grupos específicos.

Lo más acertado que he oído según mi criterio es que para el año que viene 2021 tendemos una vacuna, pero se necesitarían más de una dosis para cada persona, con fechas diferentes entre una y la otra. La cantidad de vacunas que se necesitaría para inmunizar todas las personas sería tan y tan grande que se tardaría una infinidad de años en lograr la completa inmunización de todas las personas. Seguimos esperando a ver qué pasa.

Una enfermera de cuidados intensivos, Sandra Lindsay, fue la primera persona en Nueva York y una de las primeras personas en los Estados Unidos en recibir una inyección de la vacuna contra el coronavirus, el 14 de diciembre del 2020. Los doctores, enfermeras y trabajadores de la salud, fueron los primeros en vacunarse. Luego siguieron otros trabajadores que prestas primeros auxilios. La mayoría de las personas comunes siguieron en el año 2021. Para principios de junio del 2021, un poco mas del 50% de los ciudadanos americanos estaba vacunados completamente con las dos dosis.

<u>Depresión:</u>

La depresión es nuestro peor enemigo; pero, ¿qué es depresión? Según Mental Health América y cito "La depresión clínica, es una enfermedad grave y común que nos afecta física y mentalmente en nuestro modo de sentir y de pensar.

La depresión nos puede provocar deseos de alejarnos de nuestra familia, amigos, trabajo, y escuela. Puede además causarnos ansiedad, pérdida del sueño, del apetito, y falta de interés o placer en realizar diferentes actividades. Cualquier persona que experimente síntomas depresivos debe ser diagnosticada y tratada. La depresión puede afectar a cualquier persona, de cualquier nivel económico y edad.

Las enfermedades mentales no discriminan; afectan a ricos y pobres, blancos y negros, hispano/latinos y asiáticos, ancianos y niños. Las razones para caer en un estado depresivo son muy variadas. Algunas personas caen en depresión clínica cuando experimentan un acontecimiento emotivo en sus vidas, por ejemplo, cuando perdemos el trabajo o terminamos una relación amorosa importante.

Existen varios motivos para la depresión, sin embargo, no se presentan los síntomas de la misma manera en todas las personas. En algunas personas pueden aparecer sólo algunos síntomas, mientras que en otras pueden presentarse muchos de ellos".

Alguna manera de pensar que nos dice que estamos depresivos son las siguientes.

¿Esta triste o enfermo?

¿Se siente triste, ansioso, o tiene un sentimiento de vacío permanente?

¿Tiene sentimiento de culpa, no le encuentra sentido a su vida, o está desesperado?

¿Tiene problemas para concentrarse, memorizar, o tomar decisiones?

¿Se siente muy cansado, débil o sin energía?

¿Tiene problemas para dormir, padece de insomnio o se da cuenta de que está durmiendo demasiado?

¿Ha perdido el apetito y el interés en comer o, por el contrario, encuentra que está comiendo todo el tiempo?

¿Se siente irritado o desesperado?

¿Tiene dolores y sufrimientos que, no se alivian por más que lo ha intentado?

¿Ha perdido interés en actividades que antes disfrutaba, incluyendo el sexo?
¿Tiene sentimientos de culpa, desespero, abandono, pesimismo o desesperanza?
¿Tiene pensamientos suicidas o de muerte?"

Esto no quiere decir que, si alguna vez sentimos algunos de estos síntomas, estamos depresivos. Lo que quiere decir es que, si sentimos muchos de estos síntomas, por un periodo de tiempo largo, tenemos que buscar ayuda y ver a un médico. Nuestra salud es lo más preciado que tenemos. Es un regalo de Dios, que no se compra con dinero. La tenemos que conservar y la prevención en la forma más adecuada.

Como podemos ver la depresión es un estado que nos hace perder el interés por la vida. Es un estado que nos hace ver la vida, como si no tuviera valor. Pensamos que es lo mismo estar vivo o estar muertos. Cuando tenemos depresión no pensamos en las personas que nos quieren, ni en las personas que dependen de nosotros. Es como estar encerrados en un cuarto solos y sin nadie que pueda venir a abrir la puerta para que podamos ver la luz del sol otra vez.

Es estos momentos que estamos viviendo, es muy fácil sentirse un poco depresivo. Alejados de todo lo que nos hacía reír y sentirnos bien, es muy fácil pensar que la vida no tiene sentido. Por eso es muy importante que las personas que viven en el núcleo familiar compartan los quehaceres de la casa y encuentren un tema de discusión, para compartir sus pensamientos y opiniones.

Cuando usted tome un descanso momentáneo de lo que está haciendo, comparta una taza de café con su pareja o con cualquier otro familiar que se encuentre en su casa. El café es una de esas cosas que nos animan a emprender una conversación.

Recuerdo una mañana cuando me casé y vivía lejos de mis padres. Un sábado en la mañana en que tuve que salir temprano de mi casa, me detuve unos minutos a saludar a mi madre. Llegué a la casa de mis padres y para mi sorpresa encontré la casa cerrada. Ya me iba a retirar sin tocar a la puerta, cuando sentí que alguien hacia un ruido con la boca, como para llamar la atención. Miré a mí alrededor y divisé a mi madre, sentada en una pequeña terraza que había en mi casa. Mi madre me sonrió y yo me acerque. Esta fue la conversación que sostuvimos.

<u>Madre:</u>   Hola hijo. ¿Qué haces tan temprano por aquí?

<u>Yo:</u>   Tenía que comprar unas cosas y pasé a saludarte. ¿Cómo está la familia?

<u>Madre:</u>   Pues todos están bien. Tu padre se fue a la iglesia temprano.

<u>Yo:</u>   No sabía que daban misa los sábados por la mañana.

<u>Madre:</u>   No, no está en ninguna misa. Es que se juntaron algunas personas, de la Legión de María y están limpiando la iglesia.

<u>Yo:</u>   Sí, eso es un buen apostolado.

<u>Madre:</u>   Oye mijo, acabo de hacer el café. Sírvete una taza y siéntate aquí que, vamos a arreglar el mundo.

Me fui a la cocina, me serví una taza de café y me senté a conversar con mi madre. Pensaba saludarla solamente, pero la conversación duró casi una hora. Cuando el calor se empezó a sentir, mi madre me dijo.

Madre:	Buenos vamos a entrar a la casa que, te voy a hacer un pequeño desayuno.

Yo:	Oh, no te preocupes mamita. Yo ya desayuné.

Madre:	No me digas que desayunaste. Yo sé que no has desayunado. Vamos a la cocina y sírvete otra taza de café, en lo que yo te hago el desayuno.

No tuve más remedio que aceptar y disfrutar de dos huevos fritos con salchichas y pan con mantequilla; también otra taza de café, pero esta vez con leche.

Fue un desayuno simple, pero con el sabor de mi madre; me sentí cerca de la a gloria. Siempre recuerdo momentos como este. Momentos sencillos que siempre están en mi memoria.

Algunas veces, no nos sentamos a conversar con nuestros seres queridos porque creemos que son conversaciones sin importancia. Esas conversaciones sin importancia, son las que se nos quedan en nuestra memoria para siempre. Lo único que tenemos que hacer es atrevernos a emprender esa simple conversación sin importancia, con nuestros familiares. Dejar que nuestros pensamientos salgan de nuestra mente y disfrutar el momento. Cuando yo tenía estas conversaciones con mi madre, el reloj se detenía, se podía oír el canto de la naturaleza, motivándonos a seguir conversando. En ese momento, esa conversación insignificante se convertía, en una muy importante.

Los familiares son personas importantes, pero no los vamos a tener toda la vida. En tiempos como este, nunca sabemos si los vamos a tener al final de esta peregrinación. Lo más importante de una conversación sin importancia es que, nos saca de la rutina diaria y nos hace disfruta de la compañía presente. En lo más profundo de nuestro corazón, sentimos una satisfacción muy personal. Piénselo de esta manera, Una conversación como esta es algo que, no nos cuesta nada y vale muchísimo. Podría sacarnos de un pensamiento depresivo.

Los días en mi vida parecen bien cortos, pero de este día que les voy a hablar parecía que, nunca iba a terminar. Lo que parecía un día normar se convirtió en un encuentro con la realidad que muchas personas enfrentan todos los días.

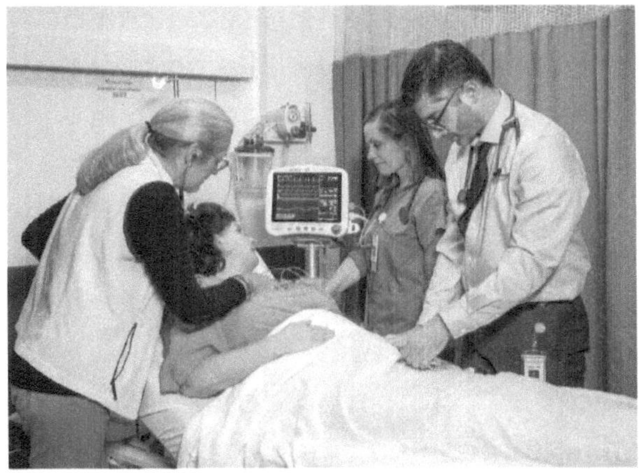

Empezó como todo en la víspera, el 5 de enero. En lo único que yo pensaba era en que era la víspera del día de los Reyes, y que tenía que quitar los adornos de Navidad. La noche ya llegaba cuando mi esposa se preparaba para subir al cuarto a descansar. Yo me senté en la pequeña sala que tenemos, a ver algunos de mis programas favoritos. No pasó ni una hora cuando oí un ruido en el cuarto. Bajé el volumen del televisor para oír lo que estaba pasando y de nuevo oí el ruido. Era alguien que estaba vomitando. Sin pensarlo dos veces subí al cuarto y no vi a mi esposa. Seguí para el baño y ahí estaba ella. La ayudé en lo que pude hasta que termino.

Yo: ¿Qué te pasa?

<u>Esposa:</u>   No me siento muy bien, Estoy mareada y tengo vómitos.

No terminó de completar lo que decía, cuando tuvo que volver al baño. La escena se repitió por casi toda la noche. En repetidas ocasiones ella tuvo que volver al baño. Me levanté, le busqué unos enceres especiales para vomitar en casos de emergencia y los tuvo que usar toda la noche. La verdad no sabía cómo una persona podía vomitar tantas veces. Ella no tenía nada en el estómago. Cuando llegaron las ocho de la mañana decidió llamar al médico que nos atiende. Para mi sorpresa la recepcionista le dijo que no podía darle una cita porque no tenía ningún espacio. Luego llamó a una doctora que me atendió a mí en una ocasión, pero nadie contestó. Sin saber que podíamos hacer, decidimos tratar de hacer una cita en un dispensario de primeros auxilios. Conseguimos una cita para la misma mañana y decidimos prepararnos para ir.

Entramos a la pequeña clínica, yo le dije a la recepcionista que teníamos una cita. Luego llegó una enfermera a hacer preguntas. Las preguntas eras las normales, que, si mi esposa había estado en contacto con alguien que tuviera el virus del GOVIT 19, si tenía fiebre, etcétera. A todas las preguntas, ella contestó que no.

<u>Esposa:</u>   No, no tengo fiebre y no he estado en contacto con nadie que tenga el virus.

<u>Enfermera:</u> Tenemos que hacerle la prueba del GOVID 19. Si sale negativa la prueba, le podemos ayudar, si no, no podemos hacer nada por usted.

Esposa: Pero yo no tengo el virus; solo tengo unos mareos y vómitos.

Enfermera: Tenemos que hacerle la prueba, espere en su carro, hasta que una enfermera vaya a hacerle la prueba.

Esposa: Yo no puedo esperar tanto tiempo para saber si me van a atender. Creo que mejor voy a otra a otra parte.

Enfermera: No hay ningún problema, puede ir a otro lugar.

De ahí salimos para otro "argent care" que también está cerca de nuestra casa. Llegamos y notamos que una persona estaba en frente de la puerta. Le preguntamos y nos dijo que estaba esperando su turno porque no la permitían entrar. Como a los tres minutos una persona salió. Nos dio un cuestionario y nos dijo que esperáramos en nuestro auto.

Empleado: Buenos día, llenen este cuestionario y sigan las instrucciones. Con su teléfono entre al website y completen los papeles. Cuando todo esté listo, les avisaremos por teléfono, para decirle cuando pueden entrar.

Con una cara de decepción acepten el papel de las instrucciones y nos retiramos al automóvil. Mi esposa buscó el website y empezó a completar los papeles. Después de unos minutos, me dijo que tenía que retratar la tarjeta del plan médico y la licencia.

Esposa: Tengo que retratar la tarjeta del plan médico y la licencia de conducir, pero no puedo. Cada vez que trato de retratarla, el website desaparece del teléfono.

Yo: Déjeme a mí, para ver si yo puedo.

        Yo traté, varias veces, pero no pude hacer nada. Llenos de frustración decidimos retirarnos a nuestra casa.

Esposa: ¿Qué podemos hacer ahora?

Yo: Yo creo que lo mejor que podemos hacer es irnos a nuestra casa y volver a llamar al médico. También podemos llamar a la otra doctora.

        Sin decir ninguna palabra, mi esposa aceptó y decidimos retirarnos llenos de desencanto. En el camino, permanecimos en silencio hasta que mi esposa rompió el mismo.

Esposa: Quizás podemos ir al argent care que está en la carretera 155.

Yo: Sí, podemos ir, está en nuestro camino.

        Llegamos al consultorio y se veía con pocos carros en el estacionamiento. Cuando entramos no había nadie esperando. Yo saludé a la recepcionista y mi esposa siguió la conversación.

Yo: Buenas tardes.

Recepc: Buenas tarde, En que les puedo ayudar.

Esposa: Necesito ver al médico, Tengo muchos vómitos y mareos.

Recepc: ¿Es esta la primera vez que viene aquí?

Esposa: No, yo he venido anteriormente, pero ahora voy a la otra oficina que ustedes tienen en McDonough.

Recepc: ¿Por qué no llamó a la oficina de McDonough?

Esposa: Me dijeron que no tenía espacio para mí.

Recepc: Déjeme ver si la podemos atender.

Yo respiré hondo, pensando que la búsqueda de un doctor había terminado. A unos dos minutos la recepcionista nos dijo.

<u>Recepc:</u>   Lo siento, no tenemos nada disponible. Podemos hacerle una cita para el lunes que viene.

<u>Esposa:</u>   Pero hoy es viernes y yo necesito un médico ahora.

<u>Recepc:</u>   Lo siento, pero no puedo hacer nada por usted.

Sin hacer ningún otro comentario, nos retiramos sin ninguna esperanza de ver a un médico.

<u>Yo:</u>   Yo no creía que la situación medica estuviera tan difícil. Uno no se puede enfermar en estos momentos. Ahora entiendo porque tantas personas se mueren.

<u>Esposa:</u>   Regresemos a nuestra casa. Si me muero, por lo menos muero junto a mi pequeña familia.

Yo no tenía ningunos deseos de hablar y proseguí camino a casa. Llegamos; era como las dos y media de la tarde. Ayudé a mi esposa a subir al cuarto, donde se sentó un momento. Yo no tenía nada que decir y me retiré con mi frustración hacia la pequeña sala en el primer piso de la casa. Prendí el televisor y los problemas en Washington D.C. estaban en todo su apogeo. De momento mi esposa me llamó. Pensando que algo malo estaba sucediendo, corrí lo más rápido posible al segundo piso. Miré a mi esposa, pero todo parecía estar bien. Sin perder tiempo, pregunté.

<u>Yo:</u>   ¿Qué pasa? ¿Vas a vomitar? ¿Tienes que ir al baño?

<u>Esposa:</u>   Déjame hablar.

Yo: Eso es lo que estoy diciendo, habla.

Esposa: Llamé a la esposa del doctor, es amiga mía. Ella llamó al doctor y él le dijo que fuéramos al consultorio, ahora mismo.

Yo: Entonces vamos al consultorio del doctor.

Sin pensarlo dos veces ayudé a mi esposa a bajar las escaleras y nos fuimos al consultorio del médico. Llegamos y la recepcionista nos dijo.

Recep: ¿Tienen cita?

Esposa: No, no tengo cita. El doctor nos dijo que podíamos venir sin cita.

Recep: Déjeme chequear. ¿En qué automóvil andan?

Yo no entendía, el porqué de esa pregunta y me quedé callado. Ella me repitió la pregunta y mi esposa me dijo.

Esposa: Enséñale la tarjeta del plan médico.

Yo sin pensarlo, le di la tarjeta del plan médico y ella me repitió.

Recepc: No, no quiero la tarjeta, lo que quiero saber es la marca de su carro y el color,

Yo le di la información y ella nos dijo.

Recepc: Esperen en su auto y nosotros le llamaremos.

Sin decir nada, nos retiramos a esperar en el carro. Yo pensé que le iban a hacer la prueba del virus. A los diez minutos llegó la llamada, con las mismas preguntas que le hicieron anteriormente acerca del COVID 19. Mi esposa le contesto y a los cinco minutos otra llamada. Esta vez para decirnos que íbamos a entrar por la puerta de atrás.

La enfermera abrió la puerta y nos invitó a pasar. Entramos, le tomaron los signos vitales y le hicieron las mismas preguntas. A los cinco minutos apareció el doctor. Lo saludamos y nos dijo.

<u>Doctor:</u>   Les voy a hacer unas preguntas para los récords.

Fueron las mismas preguntas y en adición me pregunto si yo estaba enfermo. Se termino la sección de pregunta y él doctor, se dispuso a examinar a la paciente. Le pusieron una inyección y le recetaron unas pastillas, para el mareo.

Complacidos con el médico, nos dijo que, si teníamos alguna emergencia en el futuro, podíamos regresar al consultorio sin ninguna cita. Regresamos a la casa y luego yo fui a buscar las pastillas que el doctor recetó. La noche llegó y mi esposa se sentía mucho mejor.

Yo me retiré a la parte de debajo de la casa y empecé a meditar en lo difícil que es encontrar un médico, en estos tiempos de la pandemia que estamos viviendo. Nunca pensé que fuera tan difícil ver a un médico. Solo pasando por lo que pasamos, podíamos entender porque tanta gente muere en las casas. No hay que tener el virus de GOVID 19, para morir en este extraordinario tiempo de nuestras vidas. Lo único que puedo decir es que tuvimos mucha suerte esa vez.

La vacuna:

No todo lo que pasa es negativo, en el horizonte siempre se ve un rayo de sol.

El 12 de enero del 2021 yo estaba viendo la televisión en las tempranas horas de la noche, cuando note que mi esposa estaba hablando con alguien por teléfono y le estaba haciendo muchas preguntas a la persona que llamo. Esa situación me preocupo un poco y cuando termino de hablar, subir para enterarme de lo que estaba pasando. No tuve que preguntar, mi esposa me dijo acerca de la llamada antes de yo preguntar.

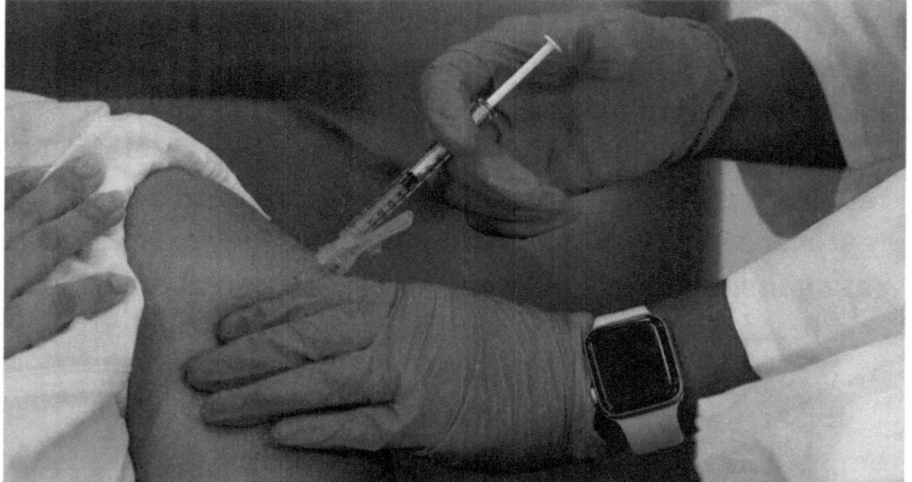

Esposa: Me acaban de llamar de la farmacia.
Yo: ¿Te llamaron para avisarte de alguna medicina?
Esposa: No, me llamaron para preguntarme si quería ir el miércoles, a recibir la primera dosis de la vacuna del GOVID 19.
Yo: Que bueno, ¿Le dijiste algo de mí?
Esposa: Sí, le hable de ti y me dijo que podíamos ir los dos.

Yo me alegre mucho. Mi esposa me dijo lo que tenía que llevar, el tiempo de espera después de la vacuna y en general todos los detalles acerca del procedimiento. La semana pasó y llegó el miércoles 17 de enero.

Esposa:	¿Tiene todo lo necesario para la vacuna?

Yo:	Sí tengo todo listo; llené los papeles, tengo mi tarjeta de identificación, así que todo está listo.

Llegamos a la farmacia y nos pusimos en fila para hablar con una de las farmacéuticas. Solo había una persona delante de nosotros, pero el proceso de verificación era lento.

Después de 10 minutos terminaron con la persona que estaba en frente de nosotros, entregamos los papeles, nos explicaron algo del procedimiento y nos dieron una literatura de la vacuna. Cuando pasamos al lugar donde se vacunaba, solamente había espacio para tres personas. Esperamos otros 10 minutos porque después que le ponen la vacuna a uno, hay que esperar 15 minutos para ver si hay alguna reacción negativa, hacia la vacuna.

Llegó nuestro turno, nos sentamos y la enfermera nos puso la vacuna. Luego habló de algunos procedimientos que, teníamos que seguir y nos dijo cuando teníamos que ponernos la segunda dosis. Nos dieron una tarjeta, con la información y la fecha de las vacunas y el proceso terminó. La verdad no fue tan difícil y todo el tiempo que esperamos fue calculado y necesario. Ahora solo espero que pasen tres semanas para la próxima dosis. Miré a mi esposa y le dije.

Yo:		Estoy contento, ya no tengo que usar más esta mascarilla que no me deja respirar.

Esposa:		Si la echaste a la basura mejor regresa y recógela, porque, aunque nos pusimos la vacuna, hay que seguir usando la masara.

Yo:		¿Pero cuando podemos dejar de usar la máscara?

Esposa:		No sé, según mis cálculos vamos a pasar las próximas navidades usando mascaras.

Yo:		Qué, entonces ¿para qué nos vacunamos?

Esposa:		Nos sé, pregúntale a Dr. Fauci.

La verdad fue que no se tuvo que esperar hasta las navidades para dejar de usar la máscara; eso sí, con mucha precaución. En mayo del 2021 el (CDC), "Centers for Disease Control and Prevention", dijo que se podía dejar de usar máscaras, en reuniones en que todas las personas presentes estuviesen vacunadas. Esa noticia causó muchos comentarios y especulaciones porque solo el 50% de los americanos estaban vacunados con las dos dosis.

Sorpresa inesperada:

Con el problema de la pandemia, siempre me he cuidado lo más que he podido. De adulto, nunca he tenido problemas con mi salud. Al médico de cabecera, solo lo veo una vez al año, cuando tengo mi examen físico anual. Con los problemas médicos que tenemos, yo sabía que enfermarse era un lujo que, nadie quería tener. Lo que yo no sabía era que yo iba a necesitar un médico con urgencia y no podía posponerlo.

Yo siempre he sido saludable, mejor dicho, de adulto siempre he sido muy saludable. Cuando era niño tuve algunas dificultades. Una vez tuve en el hospital como un mes por problemas de mi alta presión que, nunca han averiguado los doctores, la razón de ser. Creo que es muy raro y tal vez los médicos se hicieron la pregunta también. ¿Como un niño de ocho años puede tener alta presión? Todavía hoy día, los médicos no encuentran la razón.

Después de muchos análisis todos llegan a la misma conclusión y aquí todos tienen la misma opinión. Ellos dicen que es lo que se califica como "desconocido".

Yo aprendí a vivir con mi alta presión. A los 16 años me tuvieron que operar de apéndices, pero no fue ningún problema para mi o mi familia; no teníamos el problema de la pandemia. Ahora la historia es diferente.

Todo empezó con una molestia en mis piernas, a finales de febrero del 2021. Mi esposa me recomendó que visitara un especialista. Una amiga de ella le recomendó una especialista latina y yo hice una cita con ella. La especialista es muy buena doctora. Me hizo toda clase de análisis y también un estudio de mis piernas. El resultado fue inesperado para mí, todo estaba bien. Ella me dio cita para seis meses para ver como seguía. Me dijo también que el problema de mis piernas era mínimo y no merecía ningún tratamiento al momento. Lo único que encontró fue mi alta precio alta. Ella quería averiguar de dónde venía. ¿Suena eso, conocido? Yo le conté en pocas palabras mi historia con mi alta presión, pero ella me cambio mi medicamento y me dio cita para dentro de tres semana.

Ustedes se pueden imaginar, un seguimiento de mi alta presión. De mis piernas me recomendó más ejercicio y caminar todos los días.

A las tres semanas llegué a mi cita con otras preocupaciones. Me preguntó como yo estaba y le dije que estaba bien pero que me preocupaban otros síntomas que, no estaban relacionadas con mi alta presión que, seguía alta. Me dijo que me quitara la máscara, me examino y me dijo.

<u>Doctora:</u>   Yo te encuentro bien. ¿ Tienes estrés?

<u>Yo:</u>   Sí, porque últimamente tengo un dolor en la parte izquierda de mi estómago.

<u>Doctora:</u>   Acuéstate en la camilla que te voy a examinar.

Después de examinarme me dijo.

<u>Doctora:</u>   Creo que tienes una hernia. Te voy a referir al cirujano.

Lo único que yo pensé fue en la pandemia. Los médicos están tan ocupados, los hospitales llenos. Yo que me creía tan saludable, estaba pasando por esto. Llegué a mi casa, llamé al cirujano e hice una cita para verlo.

Una semana pasó y llegó a mi cita. Me puse mi mascara y entré al consultorio. Hablé con la recepcionista, me pidió mi tarjeta del seguro médico; luego me dijo.

<u>Recep:</u>   Su plan médico no está entre nuestros seguro.

<u>Yo:</u>   ¿Qué usted quiere decir con eso?

Recep: Quiero decir que su plan médico no está entre los seguros que aceptamos.

<u>Yo:</u>   En otras palabras, el medico no me va a recibir.

<u>Recep:</u>   Sí, eso mismo.

Sin pensarlo dos veces salí de la oficina. Me preguntaba en mi mente por qué ella no me pidió el nombre del seguro, cuando la llame por primera vez. No llamé a la doctora porque tenía una cita con ella dentro de 10 días y decidí esperar.

Llegó mi cita con la doctora y le conté lo que me había pasado. No me dijo nada al respecto. Solo me dijo que me enviaría con otro cirujano. El único problema era que el nuevo cirujano, no era en la ciudad donde yo vivía, pero no había más remedio. La doctora me examino y mi alta presión seguía, muy alta.

La cita que pude conseguir con el nuevo cirujano fue para dentro de una semana. Mi esposa fue conmigo a la cita. El cirujano me dijo que, no tenía una hernia, tenía dos. Me explicó el procedimiento. La operación seria lo que los doctores llaman una cirugía robótica. Me harían una incisiones en cada esquina de mi estomago para sacarme las hernias.

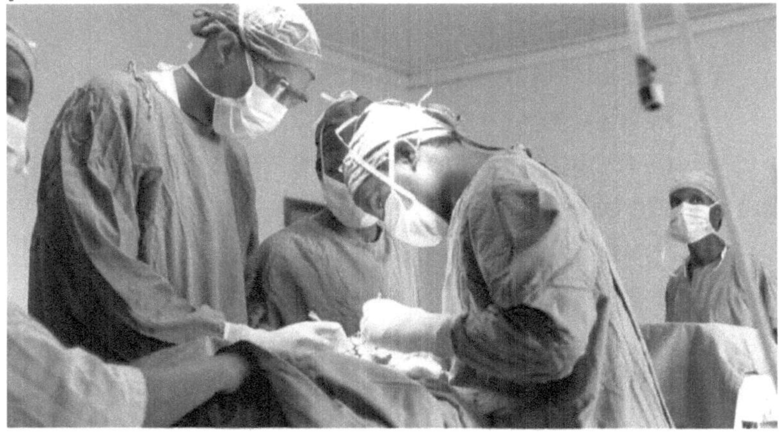

Las especificaciones para la operación eran muchas. Lo más que me afectaba era que, tenía que ir en ayuno y lo más que me molestaba del ayuno era el no poder beber café.

Mi esposa y yo nos levantamos bien temprano. Al llegar al hospital estuvimos como diez minutos buscando el lugar correcto. Me registré con la recepcionista y yo pensé que me llamarían rápido. La única suerte fue que me senté a esperar. Pasaron dos horas antes que pudiese oír mi nombre. Lo único que yo miraba en esas dos horas era una máquina de café que, estaba cerca de la silla en que yo estaba sentado. Ya yo me estaba durmiendo y en mi sueño estaba saboreando una taza de café prieto y pulla, cuando oí mi nombre. Mi esposa me dio un sacudión, desperté y no pude saborear mi café. Me acerque a la enfermera, me saludo, me preguntó el nombre y me dijo que la siguiera. Cuando llegamos a un saloncito del hospital me dijo.

Enfermera: Aquí tiene esta bata. Quítese la ropa y póngansela.

Yo: ¿Toda la ropa?

Enfer: Sí, toda la ropa.

Yo: ¿Hasta mis pantaloncillos?

Enfer: ¿Sí, algún problema?

Yo: No, ninguno. Solo quería estar seguro. Me tengo que quitar el tapaboca también.

Enfer: El tapaboca se lo puede dejar puesto.

Me quité mi ropa, la puse en una bolsa plástica y la enfermera se la llevó. Pasó como media hora, cuando apareció otra enfermera.

Enfer #2:   Buenos días, vengo a rasurarle.

Sin que yo le contestara a la enfermera, me alzo la bata y con una maquinita de afeitar de batería, empezó a rasúrame. Cuando termino me dijo.

Enfer #2:	Enseguida viene el ayudante del médico a decirle el procedimiento y contestar alguna pregunta.

Pasó como media hora más y apareció un médico. Me habló del procedimiento y me dijo que el cirujano tenía un paciente más, antes que yo. Luego me operaria a mí. La verdad es que pasó más de una hora, antes que apareciera el cirujano. Yo ya me estaba quedando dormido, cuanto el entro y me saludo.

Doctor:	Buenos días, Ya llegó la hora de la operación. Va a ser una operación robótica. Yo solo voy a dirigirla. El robot va a hacer el procedimiento.

Yo no encontraba nada que decir, le conteste afirmativamente y me dijo.

Doctor:	Le vamos a poner una inyección antes de la anestesia. Por favor quítese la máscara.

Yo me quite la máscara, me pusieron la inyección y eso es lo último que recuerdo, antes de despertar en el salón de recuperación. Miré a la enfermera y ella me dijo.

Enfer:	Aquí va a estar como una hora para ver cómo reacciona.

Yo me quedé pensando y me di cuenta que tenía que demostrarle a ella que estaba bien; la miré y le dije.

Yo:	Tengo que ir al baño.

Enfer:	No se preocupe, Usted ha estado orinando con una goma que, tiene puesta.

Yo:	Entiendo, pero quiero ir al baño.

Traté de pararme y la enfermera me dijo.

Enfer: Si quiere levantarse, tengo que quitarle la goma que tiene puesta.

Yo: Está bien

     La enfermera me levantó la bata que, yo tenía puesta y haló la goma que yo tenía para orinal. Sentí un fuerte dolor, pero disimulé. Con muchos esfuerzo me incorporé. La enfermera trató de ayudarme, pero yo no quise.

Enfer: Déjeme ayudarle.

Yo: No, por favor, es mejor que yo lo haga solo.

Enfer: Llévese este envase para que orine aquí. Tengo que ver la orina.

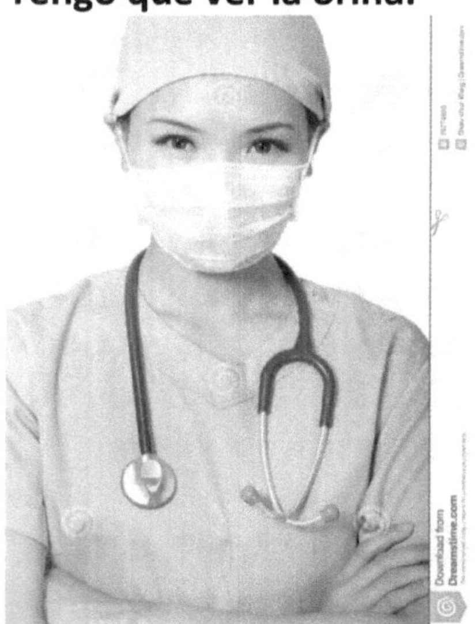

     Tomé el envase y con un poco de trabajo llegué al baño. Oriné y regresé a la camilla. La enfermera miró el envase y al parecer todo estaba bien. En esos momento llegaba mi esposa. La enfermera esperó unos diez minutos y nos dijo.

Enfer: Muy bien, yo creo que pueden irse. Aquí esta su ropa.

Yo tomé la bolsa con la ropa, me levanté y me vestí en frente de todo el mundo. Le di la gracia a la enfermera y salí con mi esposa de la habitación. Ya eran las tres de la tarde, pero no tuvimos problemas en llegar a nuestra casa.

La verdad es que yo no estaba muy bien pero no quería quedarme ni un minuto más en el hospital. Cuando me miré el estómago tenía tres incisiones. A las dos semana fui a la cita con el médico y le pregunté el por qué tres incisiones. Él me explicó que dos eran de las dos hernias y el del medie era para la cámara del robot.

La recuperación ha sido lenta pero poco a poco he estado mejorando. Con los problemas de la pandemia, no quiero tener ninguna complicación. Es mejor cuidarse que tener que ir al hospital otra vez. No es que les tenga miedo a los hospitales, es que sé que, los doctores están muy ocupados y las enfermeras, ni se diga.

Mi madre solía decir: "Mal de muchos, consuelo de todos". La pandemia ha traído muchos problemas a toda la humanidad. Muchas personas han muerto, especialmente en los Estados Unidos y todos sabemos que van a morir muchos más, antes que pase todo esto. No creo que sea un consuelo el que todo el mundo está sufriendo los mismos problemas, pero creo que debemos de recoger los vidrios rotos y tratar de hacer un mundo mejor. Un mundo en el que podamos rescatar los buenos hábitos que tenían nuestros pueblos y que estaban desapareciendo antes que, empezaran los problemas de la pandemia.

Si damos marcha atrás a la historia y nos situamos solo a principios del año 2020, nadie podría imaginarse, el escenario que estamos viviendo ahora. Muchas de las personas tienen la misma pregunta en sus mentes. ¿Por qué nos está pasando esto, a nosotros?

En el fin de la segunda década del siglo 21 los diferentes países se sentían poderosos y diferentes.

Las potencias mundiales trataban de hacer mollero en frentes de sus adversarios. Los países más débiles miraban, sin decir nada. Los países fuertes, se sentían invencible y los débiles se amoldaba a lo que veía. Pasados unos meses todos estábamos en el mismo bote, viendo cómo se hundía, sin poder hacer nada.

La pandemia nos trajo una verdad innegable, una inestabilidad que ha roto los parámetros impuestos por el hombre; todos somos iguales. En estos momentos de la pandemia no hay nadie mejor que nadie. Todos tenemos que tener cuidado para no contagiarnos y evitar la muerte.

Personas ricas y con mucho poder, personas famosas, personas jóvenes y llenos de vida, personas viejas, personas bien parecidas, feas, flacas, gordas, blancas, negras, latinos, asiáticos, etcétera, etcétera; todas estamos en el mismo barco y tenemos que tratar que no se hunda. En esta situación ya no importa, ni el dinero, ni la fama, todos tenemos que ayudarnos. Si una persona cree que, no se va a morir si se contagia, esa no es razón para no cuidarse. Si yo me contagio puedo contagiar a alguien de mi familia, con resultados fatales. Esta es una verdad innegable que nos hace ser iguales a otras personas. Por esa razón tenemos que sentir empatía por las otras personas, especialmente por las que tenemos cerca. Esas personas son nuestros vecinos y otras personas que vemos todos los días en diferentes lugares. Cuidarse es imperativo en estos momentos. Si nos descuidamos, podemos morir. Si les preguntamos a las personas que tienen el virus, seguramente nos dirán una de dos cosas;

que no saben cómo se contagiaron o que se descuidaron y están arrepentidos.

Algo es seguro, están arrepentidos de no haberse cuidado, un poquito más. El único problema es que no hay remedio. Tenemos que sentir empatía y consideración hacia las demás personas.

Algunas veces creemos que una persona es desagradable y la vemos diferente a nosotros; hay dos razones para esta creencia. Una de las razones es que no conocemos a la persona. La otra cara de la moneda es que el problema, está en la forma que vemos el mundo exterior y por consiguiente a las personas que no conocemos.

Para terminar, les voy a contar acerca de algo que dijo Dr. Wayne Walter Dyer, en una de sus conferencias. Les voy a decir el cuento más o menos en mis propias palabras, como si el propio Dr. Dyer, estuviese hablando. Aquí les relato su experiencia.

Me gusta camina en las mañanas. Me hace reflexionar en todo lo que tengo que hacer en el día. Una mañana caminando en la playa me encontré con una persona que, rompió mi meditación; y me dijo.

<u>Señora:</u>   Usted es Dr. Dyer, ¿verdad?

<u>Dr. D:</u>   Sí, yo soy.

<u>Señora:</u>   Yo soy una gran fanática de usted. He visto muchas de sus conferencias.

<u>Dr. D</u>   Gracias, es usted muy amable.

Señora: Yo soy nueva en esta área; me mudé aquí
hace poco tiempo. Yo vivía en New York. Me mudé
porque no me gustaba mucho donde vivía. La gente no
era muy agradable. Todo el mundo andaba de prisa. ¿Me
podría decir como es vivir aquí, en este estado?

Dr. Dyer la miró y luego le dijo.

Dr. D   Aquí las personas son más o menos igual
que en el pueblo que usted vivía. Usted probablemente
lo ha visto con sus propios ojos. No existe diferencia
entre su antigua ciudad y esta ciudad en que estamos
viviendo ahora.

La señora lo miró, se sonrió con él y siguió su
camino. Dr. Dyer se detuvo para verla retirarse. La
señora empezó a caminar más rápido y cuando se
encontraba con alguien en su camino, cambiaba su
dirección, para no pasar cerca de la persona. Dr. Dyer no
dijo nada y siguió caminando. Más adelante se encontró
con otra señora, más o menos de la misma edad.

Señora 2:   Hola, yo lo conozco a usted. ¿Es usted Dr.
Dyer?

Dr. D   Sí, yo soy Dr. Dyer.

Señora: Que casualidad, con alguien como usted, me
gustaría hablar.

Dr. D: Bueno, yo no tengo mucho tiempo, pero
dígame, ¿en qué puedo ayudarla?

Señora 2:   Hace pocos días que yo me mudé a este
lugar y me gustaría saber cómo es la gente, aquí.

Dr. D   Dígame, ¿cómo era la gente en donde usted
vivía?

Señora 2:   La gente donde yo vivía era una dulzura. Todo el mundo se llevaba muy bien. La verdad es que me hubiese gustado quedarme en mi vieja casa, pero por cuestiones de trabajo tuve que mudarme. Pero dígame ¿cómo es vivir aquí, tengo mucha curiosidad?

Dr. D   Pues le diré que tiene mucha suerte. Aquí todo el mundo se lleva muy bien y las personas son muy buenas y amables. Vivir aquí es igual que, vivir en el lugar de donde usted viene.

Señora: Oh gracias por decirme eso. Ahora estoy más tranquila. Aunque pensándolo bien, ya yo lo había notado en el ambiente, pero ahora me siendo más tranquila y contenta de haberme mudado a este lugar; muchas gracias.

La señora se retiró. Dr. Dyer vio una piedra y se sentó a ver la señora retirarse. Observó que la ella saludaba a todas las personas que se encontraba y también recibía un cordial saludo, en respuesta. Dr. Dyer se quedó unos minutos meditando, luego se serio y siguió, caminado.

La verdadera realidad no está en el ambiente o las personas que nos rodean. La realidad está en la manera en que nosotros la formamos con nuestros temores o con nuestro amor a los demás. Cambiando nuestra manera de ver las cosas, cambiamos nuestra realidad.

Tenemos la oportunidad de cambiar nuestro entorno, ahora que tenemos la oportunidad. Quizás ese sea el mensaje que, nos quiere traer la pandemia. Cuando hacemos algo por otra persona, nos sentimos bien. Si nos sentimos bien, entonces estamos ganando. Una situación, en la que no podemos perder. Solo perderemos si no hacemos nada. El fracaso no está en perder, el fracaso está en no intentarlo. Gracias por su atención.

www.ingramcontent.com/pod-product-compliance
Lightning Source LLC
Chambersburg PA
CBHW031127250726
48655CB00002B/558